Heinz Buddemeier

Medien und Gewalt

Wie und warum wirken Gewaltdarstellungen?

MENON
Heidelberg 2006

Beiträge zur Gegenwart

herausgegeben von Christa v. Grumbkow

Titelvignette von Brigitte Dietz

Bibliographische Information der Deutschen Bibliothek

Die Deutsche Bibliothek verzeichnet diese Publikation in der Deutschen Nationalbibliographie; detaillierte bibliographische Daten sind im Internet über <http://dnb.ddb.de> abrufbar.

Hauptstraße 59, D-69117 Heidelberg,
Telefon 0049-6221-2 13 50, Telefax-2 16 40
eMail: menon-verlag@hardenberginstitut.de
www.hardenberginstitut.de

ISBN 3-921132-38-X
978-3-921132-38-8

Inhaltsverzeichnis

Vorwort

In der Medienforschung geht es nicht mehr nur um „Richtig“ oder „Falsch“. Sondern darum: was wird gehört und was wird übergangen? Übergangen werden mit Vorliebe die Anzeichen dafür, dass Gewaltdarstellung in den Medien gewalttätiges Verhalten bei Jugendlichen fördert.

Heinz Buddemeier, Medienwissenschaftler in Bremen, hat in seinem Vortrag in Heidelberg am 17. Juni 2005 die verflochtenen Zusammenhänge dargelegt und damit viel Aufmerksamkeit gefunden. Er hat außerdem gezeigt, wie gerade pädagogische Maßnahmen der Waldorfschule geeignet sind, einen vernünftigen Umgang mit den Medien anzuregen.

Die hier vorgelegte Dokumentation dieses Vortrags liefert wissenschaftliche Anhaltspunkte für eine hoch aktuelle Problematik, die in das Leben von Jugendlichen wie von Erwachsenen gravierend eingreift.

Heidelberg, im März 2006

Karl-Martin Dietz

Einige Zahlen

Millionen Menschen betrachten täglich Szenen wie diese: Ein Mann schlägt einen Mitmenschen mit den Fäusten, bis er blutet. Schließlich liegt das Opfer stöhnend am Boden. Da wird es von dem Angreifer noch mit Füßen getreten.

Warum gefällt es Menschen, Derartiges wieder und wieder anzuschauen? Und was geschieht dabei mit ihnen? Haben die Gewaltdarstellungen Einfluss darauf, wie sich der Betrachter im wirklichen Leben verhält? Die Medienforschung beschäftigt sich mit diesen Fragen seit Jahrzehnten. Die Wissenschaftler haben dazu allen Anlass, denn Szenen wie die oben geschilderten dominieren auf der ganzen Welt die Angebote der Massenmedien. Im Folgenden zum Beleg einige Zahlen, zunächst im Hinblick auf die Vereinigten Staaten. Dort hat ein Schüler nach Abschluss der 12. Klasse 13.000 Stunden in der Schule verbracht und durchschnittlich 25.000 Stunden vor dem Fernsehgerät gesessen. Nach Abschluss der Grundschule hat ein Kind durchschnittlich 8.000 Morde und 100.000 Gewalttaten auf dem Bildschirm gesehen. Nach der 12. Klasse sind es durchschnittlich 32.000 Morde und 40.000 versuchte Morde. In 73 % der Fälle kommen die Täter ohne Strafe davon. In 58 % der Gewaltdarstellungen werden die Folgen der Gewalt nicht dargestellt. Äußerst selten (4 %) kommen gewaltfreie Formen der Konfliktbewältigung in den Blick.

In Deutschland hat sich die Anzahl der Gewaltdarstellungen in den letzten Jahren mehr und mehr den amerikanischen Verhältnissen angeglichen. Zunächst einige Zahlen zur Nutzung des Fernsehens. Der erwachsene Bundesbürger hat im Jahre 2005 täglich durchschnittlich drei Stunden und 44 Minuten mit dem Betrachten von Fernsehsendungen verbracht. Rentner schauen im Durchschnitt eine Stunde mehr. Arbeitslose schauen über fünf Stunden. Dazu kommen andere Medien. Das Internet wird täglich im Durchschnitt für zwei Stunden in Anspruch genommen.

In 78,8 % aller Sendungen des Fernsehens kommt Gewalt vor. Fasst man alle deutschsprachigen Sendungen zusammen, kann man neun schwere Gewalttaten pro Stunde zählen. Betrachtet man die verschiedenen Programmarten im Hinblick auf die Häufigkeit von Gewalt, dann ist festzustellen, dass die fiktionalen Unterhaltungssendungen an der Spitze stehen. 93 % dieser Sendungen enthalten Gewalt. Erstaunlicherweise nehmen Kindersendungen den zweiten Platz ein. 89 % enthalten Gewalt. An dritter Stelle folgen die Informationssendungen (77 %). Nur in 26 % der Fälle hat die Gewaltanwendung negative Folgen für den Täter.

Ergebnisse der Medienforschung

Was die Beurteilung der Folgen für die Zuschauer betrifft, so liegen seit den 60er Jahren des vergangenen Jahrhunderts eindeutige Ergebnisse vor. Diese besagen, dass Gewaltdarstellungen die Gewaltbereitschaft erhöhen und folglich zu einer Zunahme der Gewalttaten beitragen. Leider haben diese Erkenntnisse bisher wenig Verbreitung gefunden, was u. a. daran liegt, dass die Medien, die für die Verbreitung sorgen müssten, daran kein Interesse haben. Die Ergebnisse haben auch kaum Einfluss auf die Programminhalte gehabt. Dabei spielt wahrscheinlich auch die Tatsache eine Rolle, dass immer wieder Journalisten, aber auch Medienwissenschaftler mit der Behauptung an die Öffentlichkeit getreten sind, die Forschungslage sei, was die Folge von Gewaltdarstellungen betrifft, nicht eindeutig.

Wer Derartiges behauptet, ist nach Manfred Spitzer nicht im Bilde oder er lügt.[1] Spitzer stützt sich bei seiner Behauptung auf über 700 Primärstudien, an denen etwa eine halbe Million Probanden teilgenommen haben. Dazu kommen Metastudien, die eine größere Anzahl von Forschungsprojekten zusammenfassen. Eigene Forschungen Spitzers bestätigen die vorliegenden Ergebnisse.

Eine der eindrucksvollsten Studien wurde bereits Ende der achtziger Jahre in den Vereinigten Staaten begonnen und im Jahre 1992 abge-

---

[1] Manfred Spitzer, *Vorsicht Bildschirm! Elektronische Medien, Gehirnentwicklung, Gesundheit und Gesellschaft*, Stuttgart 2005

schlossen. Anlass der von dem amerikanischen Epidemiologen Brandon S. Centerwall durchgeführten Studie war die Tatsache, dass sich zwischen 1945 und 1974 die Zahl der von weißen Amerikanern verübten Morde verdoppelt hatte. Centerwall stellte verschiedene Hypothesen auf und prüfte sie auf ihre Brauchbarkeit. Er kam schließlich zu dem Ergebnis, dass die Verdoppelung der Mordrate durch das Fernsehen verursacht wurde.

Centerwall untersuchte auch andere Länder und kam zu ähnlichen Ergebnissen. In Kanada zum Beispiel stieg die Anzahl der Morde zwischen 1945 und 1974 um 93 %. Auch hier kam nur das Fernsehen als verursachender Faktor in Frage. Eine überzeugende Bestätigung fand Centerwalls These durch die Entwicklung in Südafrika. Dort hatte die Regierung die Einführung des Fernsehens bis 1974 verhindert. Centerwall sagte die Wirkung auf die Anzahl der Morde voraus. Tatsächlich geschah Folgendes: 1974 betrug die Mordrate zwischen weißen Südafrikanern 2,5 Morde pro 100.000 Einwohner. 1987 betrug die Mordrate 5,8 Morde pro 100.000 Einwohner, was einen Anstieg um 130 % bedeutet. Centerwall prüfte, ob andere Faktoren den Anstieg bewirkt haben könnten. Als mögliche Ursachen zog er in Betracht: Veränderungen in der Altersverteilung, Verstädterung, wirtschaftliche Verhältnisse, Alkoholkonsum, Todesstrafe, Unruhen unter der Zivilbevölkerung, Verfügbarkeit von Schusswaffen. Keine dieser Variablen ergab eine überzeugende Alternativerklärung für die Zunahme der Morde, da sich die Variablen in dem fraglichen Zeitraum kaum verändert hatten. In den anderen Ländern kam Centerwall zu entsprechenden Ergebnissen. Bezogen auf das Jahr 1992 kommt er für die USA zu folgender Aussage: Ohne das Fernsehen hätte es 10.000 Morde, 70.000 Vergewaltigungen und 700.000 Raubüberfälle weniger gegeben.

Centerwall betont, dass, wenn eine Gewalttat begangen worden ist, immer eine Reihe von Faktoren zusammengewirkt haben. Neben dem Fernsehen kommen in Betracht: Armut, Misshandlungen in der Kindheit, Alkohol- und Drogenmissbrauch, Stress. Centerwall warnt davor, auf Grund seiner Forschungen diese anderen Faktoren zu vernachlässigen.

Es ist nahe liegend, dass Centerwall der Frage nachgeht, wieso das Fernsehen einen so großen Einfluss auf die Gewaltbereitschaft der Zuschauer haben kann. Er geht bei seinen Überlegungen von der Beobachtung aus, dass der Anstieg der Mordrate 10 bis 15 Jahre nach der Einführung des Fernsehens beginnt. Die einleuchtendste Erklärung für diese Tatsache ist die, dass für den Anstieg der Gewalttaten die Eindrücke entscheidend sind, die kleine Kinder durch das Fernsehen bekommen haben. Ein kleines Kind, sagen wir von fünf Jahren, ist aber noch nicht fähig, einen Mord zu begehen. Es muss 17 oder 20 Jahre alt werden, um zu solch einer Tat fähig zu sein.

Tatsächlich gibt es eine Reihe empirischer Studien, die nachweisen, dass das Fernsehen am stärksten und nachhaltigsten auf kleine Kinder wirkt. Centerwall führt außerdem entwicklungspsychologische Gründe an, wobei er den Begriff der Nachahmung in den Mittelpunkt stellt. Neugeborene sind bereits in der Lage, die Gesichtszüge von Erwachsenen nachzuahmen. Bei einem 14 Monate alten Jungen konnte gezeigt werden, dass er auch Handlungen nachahmte, die er auf dem Bildschirm beobachtet hatte. Dabei spielte es keine Rolle, ob es um aufbauende oder zerstörerische Handlungen ging. Bedeutsam ist in diesem Zusammenhang auch, dass Kinder unfähig sind, zwischen Wirklichkeit und Fiktion zu unterscheiden. Centerwall kommt zu folgendem Schluss:

> „Schwere Gewalt bricht meistens in Momenten von großem Stress hervor und genau in diesen Momenten ist es am wahrscheinlichsten, dass Jugendliche und Erwachsene zu ihren frühesten und tiefsten Vorstellungen darüber, was Gewalt ist und welche Rolle sie in der Gesellschaft spielt, zurückgreifen. Viele dieser Vorstellungen werden vom Fernsehen gekommen sein."[2]

Diese Auffassung wird durch den Nachahmungsbegriff der anthroposophischen Menschenkunde bestätigt und vertieft. Rudolf Steiner sieht in dem Nachahmen der kleinen Kinder kein auf äußere Handlungen beschränktes Phänomen. Sie ahmen auch die Gedanken und

---

[2] Brandon S. Centerwall, „Television and Violence", in: *The Journal of the American Medical Association,* 10. Juni 1992, Vol. 267, No. 22, S. 3054-3063. Der Aufsatz ist in deutscher Übersetzung erschienen in: *Fakten und Anregungen zur Beurteilung der Medien,* Nr. 19 (2005). Zu beziehen über Margarita Ristau, Hermann-Frese-Straße 53, 29355 Bremen.

Gefühle der Menschen ihrer näheren Umgebung nach und zwar innerlich, das heißt, die Gedanken und Gefühle werden einbezogen in den Bau der inneren Organe, sie werden verleiblicht. Die Organe bekommen dadurch eine Disposition im Sinne des von ihnen Verinnerlichten. In diesem Sinne findet sich bei Rudolf Steiner der bemerkenswerte Satz: „Wenn vor dem siebenten Jahre das Kind nur törichte Handlungen in seiner Umgebung sieht, so nimmt das Gehirn solche Formen an, die es im späteren Leben auch nur zu Torheiten geeignet machen."[3]

Wenn in der Umgebung des Kindes wieder und wieder und über Jahre Menschen auftreten, die rücksichtslos Gewalt anwenden und damit Erfolg haben, dann entwickelt das Kind Organe (insbesondere ein Gehirn), die dazu neigen, Gewaltanwendung für normal, ja für vorbildlich zu halten. Wobei auf das Kind ebenfalls - und möglicherweise noch stärker - die Menschen seines unmittelbaren Lebensumkreises wirken, Menschen, die sich zu ihrem Vergnügen Mord und Totschlag anschauen.

Die Medienwirkungsforschung hat sich von Anfang an bemüht, neben der empirischen Forschung Theorien zu entwickeln, die die Wirkung der Medien beschreiben und erklären sollen. Dabei ist ziemlich bald die so genannte *Katharsis-Theorie* aufgetaucht. Sie behauptet, durch das Anschauen von Gewalt werde die Neigung zur Gewalttätigkeit abgebaut. Für diese Theorie hat es nie einen empirischen Beleg gegeben. Sie macht außerdem einen primitiven und das heißt einen falschen Gebrauch von dem durch Aristoteles eingeführten Begriff der Katharsis. Die Katharsis-Theorie ist daher falsch und dumm, leider aber auch fast unausrottbar. Immerhin kann sie sich in letzter Zeit nur noch in populären Presseberichten halten. In wissenschaftlichen Abhandlungen spielt sie keine Rolle mehr.

Von den Theorien mit einer gewissen Plausibilität und Erklärungskraft seien zwei wenigstens stichwortartig genannt. Die eine wird als

---

[3] Rudolf Steiner, *Die Erziehung des Kindes vom Gesichtspunkte der Geisteswissenschaft,* Berlin 1907, GA 34, Dornach 1987, S. 325

sozialkognitive Lerntheorie bezeichnet. Bei ihr steht die Vorstellung im Vordergrund, dass Lernen auf die Weise stattfindet, dass Vorbilder nachgeahmt werden (Beobachtungs-/Modelllernen). Diese Theorie wird, unter anderen Vorzeichen, auch von Hirnforschern vertreten. Sie sprechen von der *Neuroplastizität des Gehirns* und sagen, durch sich wiederholende Gedanken und Handlung entständen im Gehirn so genannte *Bahnungen* (der zitierte Manfred Spitzer nennt sie etwas drastisch *Trampelpfade*). Durch solche Bahnungen werden, wenn sie einmal entstanden sind, die Handlungen und Gedanken, die sie hervorgebracht haben, begünstigt. Es ist nahe liegend, dass dies vor allem in Stresssituationen der Fall ist.

Eine andere Theorie spricht von *emotionaler Habituierung* (Desensitivierung). Hier wird von der Erfahrung ausgegangen, dass sich die meisten Menschen an das Anschauen von Gewaltdarstellungen rasch gewöhnen. Szenen, die anfänglich schockierten, werden bald als vergnügliche Unterhaltung konsumiert. Die Theorie der emotionalen Habituierung behauptet, die Abstumpfung gegenüber fiktionaler Gewalt verändere auch die Einstellung gegenüber realer Gewalt.

Es wird versucht, die Wirkungstheorien empirisch zu überprüfen, was teilweise gelingt. Trotzdem bleibt die Medienforschung abstrakt. Ein Grund liegt darin, dass die Wirkung der Medien untersucht wird, nicht aber das, was die Wirkung hervorruft, eben die Medien. Man spricht allgemein von *media violence* und meint damit die in Filmen, Fernsehen, Video- und Computerspielen vorkommende Gewalt. Welchen Anteil die Eigenschaften, die für das jeweilige Medium charakteristisch sind, an der Wirkung haben, wird nicht untersucht. So interessiert auch nicht, wie sich Gewaltdarstellungen in der Literatur und auf der Bühne von Gewaltdarstellungen in den Bildmedien unterscheiden. Dieses Desinteresse führt dazu, dass die Medienwissenschaft zu Ergebnissen kommt, ohne deutlich machen zu können, wie die von ihr beobachteten Wirkungen zustande kommen.

Dazu trägt weiter bei, dass auch nicht untersucht wird, was die medialen Darbietungen für die menschliche Wahrnehmung bedeuten. Welchen Unterschied macht es zum Beispiel für das Auge, ob es liest, eine Landschaft betrachtet oder einem Geschehen auf dem Bildschirm folgt? Welche Folgen hat es, wenn im Fernsehen im Durchschnitt alle fünf Sekunden ein neues Bild gezeigt wird? Jedes Bild zeigt einen anderen Weltausschnitt und ruft damit zusammenhängende Gefühle hervor. Welche Wirkung hat der rasche Wechsel im Seelischen? Wie wirken die Medien auf Kinder und wie auf Jugendliche?

Die Blindheit der Medienwissenschaft gegenüber dem Medium, dessen Wirkung sie untersucht, ist verblüffend. Die Gründe sollen hier nur angedeutet werden. Zum einen fällt es Psychologen und Soziologen schwer, sich für Bilder so weit zu interessieren, dass sie verschiedene Bildarten unterscheiden und dabei nach den Eigenschaften der verschiedenen Bildarten fragen. Das Ausblenden des Mediums führt außerdem dazu, dass die Wirkungen allein mit dem Inhalt in Zusammenhang gebracht werden. Auf diese Weise kann auf problematische Wirkungen hingewiesen werden, ohne das Medium an sich zu kritisieren.

Die phänomenologische (goetheanistische) Methode als Ergänzung der Medienwissenschaft

Im Folgenden soll versucht werden, den Ergebnissen der empirisch forschenden Medienwissenschaft eine genauere Betrachtung sowohl der Medien als auch ihrer Nutzer hinzuzufügen. Zur Empirie kommen auf diese Weise die Phänomenologie und die Anthropologie. Durch dieses Zusammengehen entsteht ein differenziertes Bild der Medien und ihrer Wirkungsweise.

Die phänomenologische Betrachtungsweise ergibt für die maschinell erzeugten Bildmedien als hervorstechendes Merkmal, dass der dreidimensionale Raum verschwindet. An seine Stelle tritt eine Fläche, auf der der Raum mit Hilfe der Perspektive vorgetäuscht wird. Zu diesem Vortäuschen trägt auch bei, dass sich auf der Fläche Gegenstände so bewegen, dass der Betrachter den Eindruck bekommt, sie würden sich entfernen oder näher kommen.

Der Blick auf die Fläche - beim erwachsenen Bundesbürger im Durchschnitt mehrere Stunden täglich (s. o.) - führt zu einer einschneidenden Veränderung des Sehens. Das Auge ist als einziges Sinnesorgan mit einer Vielzahl von Muskeln ausgestattet. Sie erlauben uns, in der Nähe und in der Ferne scharf zu sehen (Akkomodation). Sie ermöglichen auch, einen Gegenstand in den Blick zu fassen. Das bedeutet, dass sich die Sehachsen dort kreuzen, wo wir etwas genau betrachten wollen (Konvergenz). Auch wenn der Blick auf etwas ruht, zum Beispiel einem Gesicht, tastet das Auge den Gegenstand unentwegt mit winzigen Sprüngen (Saccaden) ab. Natürlich können wir auch nach rechts und links, nach oben und unten schauen. Sehen ist eine höchst aktive Tätigkeit, das Auge ein vibrierender Muskel.

Wenn man bedenkt, wie groß der Raum ist, der durch die mit Hilfe des Sehens aufgenommenen Eindrücke in unserem Bewusstsein eingenommen wird, dann kann es nicht erstaunen, dass das erzwungene Starren bewusstseinsdämpfend wirkt. Darauf deuten auch die Erfahrungen, die beim Hypnotisieren gemacht werden. Die so genannte *Augenfixationsmethode* („Schauen sie auf die Spitze dieses Bleistifts!") gilt als wirksamste Technik der Hypnoseeinleitung.

Das Starren führt dazu, dass es kaum möglich ist, die Darbietungen auf dem Bildschirm aufmerksam mit dem wachen Tagesbewusstsein zu verfolgen. Ein Beleg dafür sind Untersuchungen im Zusammenhang mit der Rezeption von Nachrichtensendungen. Seit Jahrzehnten ist den Sendern bekannt, dass die Zuschauer/Zuhörer wenig verstehen und wenig behalten. Die diesbezüglichen Befragungen und Tests erbringen niederschmetternde Ergebnisse. Alle Bemühungen, durch eine andere Sendungsgestaltung etwas daran zu verändern, sind fehlgeschlagen.

Angesichts solcher Ergebnisse wird von den Betroffenen gern beteuert, sie würden den Sendungen mit großer Aufmerksamkeit folgen. In Wirklichkeit geschieht folgendes: Die Abdämpfung des Bewusstseins führt normalerweise dazu, dass auch der Strom der Sinneseindrücke gedämpft wird. Wer müde wird, verlässt, wenn eben möglich, den Trubel des Tages. Beim Fernsehen geschieht das Gegenteil. Das gedämpfte Bewusstsein wird mit optischen und akustischen Eindrücken konfrontiert, die viel intensiver sind, als das alltäglicherweise der Fall ist. Dadurch entsteht ein innerer Spannungszustand, der subjektiv als Aufmerksamkeit erlebt wird.

Neben dem Starren führen die Bildmedien zu einer weiteren Veränderung in der Art der Weltbegegnung. In der dreidimensionalen Welt ist es so, dass jeder Mensch seinen individuellen Standort hat. Das Wort „Ort" bedeutete noch im Mittelalter „Spitze". Der Standort ist die Spitze des Sehkegels. Da an einem Ort immer nur einer sein kann, sieht jeder die Welt etwas anders als alle anderen. Das hört beim Blick auf den Bildschirm auf. Da sehen alle dasselbe, weil alle gewissermaßen mit dem Auge der Kamera sehen. Dabei wird der Zusammenhang zwischen dem individuellen Standort und dem, was gesehen wird, unterbrochen. Dadurch wird etwas getrennt, was sonst immer zusammengehört: Wahrnehmung ist eingebettet in eine Situation, in die der Wahrnehmende einbezogen ist. Wenn ich abends in meinen Garten gehe, um nach dem Wetter zu schauen, dann bin ich ein Teil der Situation, auf die ich meine Aufmerksamkeit lenke. Auf der Bildfläche kann die ganze Welt erscheinen, aber der Betrachter gehört nicht dazu.

Damit hängt eine weitere Besonderheit zusammen. In der Welt des dreidimensionalen Raums steht jede Wahrnehmung, die ein Mensch macht, in einem mehr oder weniger engen Zusammenhang mit einer von ihm ausgeführten Bewegung. Bei einem Spaziergang durch die Stadt ist das offensichtlich. Aber selbst dann, wenn ich still auf einem Stuhl sitze und aus dem Fenster schaue, ohne Kopf und Augen zu bewegen, so gilt doch wenigstens, dass ich mich selbst an diesen Beobachtungsort begeben habe. Man stelle sich einmal vor, man würde von einer unbekannten Macht mit verbundenen Augen an einen fremden Ort gebracht, wo einem die Augenbinde abgenommen würde, man sich aber nicht bewegen dürfte. Man könnte das Wahrgenommene nicht beurteilen. Meine Bewegungen schaffen einen Zusammenhang zwischen meinen Wahrnehmungen, und dadurch entsteht die Möglichkeit, sie zu verstehen. Der Bildschirm schafft den Inhalt der äußeren Welt in das Blickfeld des starr geradeaus blickenden Auges.

Soll für den Betrachter ein Zusammenhang zwischen den Bildern entstehen, muss er durch einen Kommentar oder durch eindeutige Hinweise in den Bildern hergestellt werden. Der Zuschauer ist nicht in der Lage, den ihm nahegelegten Zusammenhang kritisch zu prüfen. Mit anderen Worten: Der Zuschauer ist leicht zu manipulieren.

Die Schwierigkeit, das auf dem Bildschirm Gezeigte zu beurteilen, wird dadurch vergrößert, dass die technische Bildherstellung zu einer Trennung von Erscheinung und Wesen führt. Wenn wir, etwa während einer Veranstaltung, sagen, es seien viele Menschen anwesend, dann wird mit solch einer Ausdrucksweise darauf hingewiesen, dass Menschenleiber beseelt und durchgeistigt sind. Das innere Wesen prägt die äußere Erscheinung und offenbart sich durch sie. Wir können beides wahrnehmen, wobei das innere Wesen mehr Aufmerksamkeit und Geduld verlangt. Die Organe, die wir dabei benutzen, nannte man in früheren Zeiten *innere Sinne.*

Das Objektiv der Kamera wird gern als Auge bezeichnet. Das ist nahe liegend, führt aber doch in die Irre. Das Objektiv ist Teil einer Maschine, die so konstruiert ist, dass sie mit Hilfe des Lichts, unter Ausnutzung der Naturgesetze, Abbilder von beleuchteten Körpern produziert. Das menschliche Sehen unterscheidet sich von dem maschinellen Vorgang in der Kamera dadurch, dass es in eine Fülle anderer Wahrnehmungen eingebettet ist, denen, im Falle eines Menschen, auch dessen Wesen zugänglich ist. Trifft der Blick auf einen technisch reproduzierten Menschen, dann hat er es mit reiner Oberfläche zu tun. Weil der Kamera nur die materielle Außenseite zugänglich ist, bewirkt sie eine Trennung von Erscheinung und Wesen. Dem „oberflächlichen" Betrachten entgeht das, weil das Äußere, die Erscheinung, durch das Innere, das Wesen geprägt ist. Man hat daher den Eindruck, etwas von dem Charakter und der aktuellen Befindlichkeit des fotografierten oder gefilmten Menschen zu erfassen. Dieser Eindruck entsteht dadurch, dass das Äußere zu Vorstellungen über das Innere anregt. Die Vorstellungen (man findet, dass ein Mensch auf dem Bildschirm gut gelaunt wirkt) lenken davon ab, dass es zu keiner wirklichen Begegnung kommt, einer Begegnung von Wesen zu Wesen. Solche Begegnungen sind es aber, an denen Menschen seelisch und geistig wachsen. Bei diesen Gelegenheiten werden auch die inneren Sinne geübt. Werden hauptsächlich medial dargestellte Menschen wahrgenommen, dann fördert das Vereinsamung, weil am Mitmenschen nicht mehr das wahrgenommen werden kann, worauf es ankommt. Entsprechendes gilt für die sichtbare Schöpfung insgesamt.

Die Tendenz zum Trennen und Fragmentieren äußert sich auch in folgender Wirkung auf den Betrachter. Nehmen wir einmal an, jemand sitzt in seinem Wohnzimmer und verfolgt auf dem Bildschirm seines Fernsehgerätes einen Waldbrand in Australien. Das Feuer hat gerade eine Wohnsiedlung erreicht. Die ersten Häuser brennen. Die verzweifelten Bewohner müssen von der Polizei von Löschversuchen abgehalten werden.

Mit den Augen und den Ohren ist der zuschauende Mensch in Australien. Gleichzeitig hört und sieht er, was in seiner unmittelbaren Umgebung vor sich geht. Weitere Wahrnehmungen (Geruchssinn, Wärmesinn, Tastsinn, Gleichgewichtssinn) beziehen sich ebenfalls auf die Wohnzimmersituation.

Was der Mensch auf dem Bildschirm sieht, dafür gibt es im Wohnzimmer keine Erklärung. Es entstehen zwei Wahrnehmungsbereiche, die nichts miteinander zu tun haben. Die Sinneseindrücke können sich daher nicht ergänzen. Das organische Zusammenwirken der Sinne wird unterbrochen. Das fördert die durch das Starren bewirkte Bewusstseinsdämpfung.

Das wird noch durch Folgendes verstärkt: Aufmerksamkeit und Interesse des Menschen vor dem Bildschirm richten sich auf den Waldbrand, der aber mit Hilfe des elektronisch erzeugten Bildes nur vorgetäuscht wird. Das Medium führt den Zuschauer aus seiner Lebenswirklichkeit hinaus und richtet seine Aufmerksamkeit auf ein Wahrnehmungsobjekt, an dem alle tieferen Erkenntnisbemühungen abprallen. Das führt zu einem Zustand zwischen Wachen und Schlafen. Der Mensch ist nicht ganz bei sich und nicht ganz auf der Welt. Dieser Zustand findet sogar einen Niederschlag im EEG (Elektroenzephalogramm). Beim Fernsehen nehmen die Alpha-Wellen zu, jene

Wellen, die verstärkt beim Dösen und Tagträumen auftreten, aber auch dann, wenn ein wacher Mensch die Augen schließt.

Die Dämpfung des Bewusstseins führt allerdings keineswegs zu gleichförmigen und diffusen Gefühlen. Die Dämpfung bezieht sich vor allem auf die wache, gedankendurchdrungene Aufmerksamkeit, die mit dem Ich zusammenhängt. Im Gefühlsbereich kann es dafür um so heftiger zugehen. Allerdings werden die Gefühle von außen gesteuert und zwar auf eine Weise, die eine abstumpfende Wirkung hat. Folgende Hinweise mögen das verdeutlichen. Wenn man sich fragt, wieso Film und Fernsehen zu Massenmedien geworden sind, dann wird man darauf kommen, dass einer der wesentlichsten Gründe darin besteht, dass diese Medien Geschichten erzählen können. Der Zuschauer, der solch einer Geschichte folgt, kommt, ohne es zu bemerken, zu einer Art der Weltbegegnung, die mit nichts Früherem zu vergleichen ist. Das sei an folgendem Vergleich verdeutlicht. Nehmen wir an, jemand geht ins Krankenhaus, um seinen Freund zu besuchen, der im Sterben liegt. Der Besucher ist erschüttert, den Freund so schwach und hinfällig zu sehen. Als er sich nach einem bewegenden Gespräch verabschiedet, ist ihm klar, dass er den Freund nicht lebend wiedersehen wird.

Vom Krankenzimmer muss der betreffende Mensch ins Büro, wo eine wichtige Besprechung auf ihn wartet. Zum Glück liegt zwischen Sterbezimmer und Büro ein Weg, der zurückgelegt werden muss. Er bietet die Möglichkeit, die aufwühlende Begegnung nachklingen zu lassen. Das Denken kann seine beruhigende Kraft entfalten. Der Weg erlaubt dem betreffenden Menschen auch, sich innerlich auf die Situation im Büro einzustellen.

Im Film würde das hier Berichtete mit Hilfe von Bildern (Einstellungen) erzählt. Der Weg würde, wenn auf ihm nichts Spannendes geschähe, nur kurz angedeutet. Das hat für den Zuschauer zur Folge, dass er übergangslos von einer Seelenstimmung in die andere gerissen wird. In der flächig gewordenen Welt dauert der Übergang von einem Schauplatz zum nächsten nur so lange wie ein Bildwechsel, mit anderen Worten, er dauert Bruchteile von Sekunden. Das hat im Laufe der

Zeit eine abstumpfende Wirkung, weil die Seele vor allem dadurch ihre Erlebnisfähigkeit stärkt, dass sie Ereignisse nachklingen lässt. Außerdem fehlt der Seele bei den Bildmedien das, was oben Begegnung genannt wurde.

Ergebnisse der erweiterten Medienforschung

Setzt man die Eigenschaften der Medien und die durch sie hervorgerufenen Wirkungen mit dem Menschen in Beziehung, dann wird deutlich, dass die Medienwirkungen zu einer erheblichen Störung der seelisch-geistigen Entwicklung führen müssen. Im Folgenden seien die Wirkungen noch einmal zusammengefasst, wobei der Einfluss auf die Kinder im Vordergrund stehen soll. Die Bildfläche führt zum Starren und in Verbindung damit zu einer Bewusstseinsdämpfung in Richtung Trance. An die Stelle einer einmaligen Weltsicht tritt ein von der eigenen Person losgelöster Massenstandpunkt. Die gezeigten Ereignisse und Situationen sind kaum zu beurteilen. Das Medium lenkt den Betrachter von Gedanke zu Gedanke, von Gefühl zu Gefühl. Dabei entstehen zwei Wahrnehmungsbereiche (die medial erzeugte Welt und die Welt des dreidimensionalen Raumes). Diese Spaltung stört das organische Zusammenspiel der seelischen und geistigen Anlagen.

Insgesamt sind die Wirkungen so, dass dazu beigetragen wird, einen passiven, oberflächlichen, leicht zu manipulierenden, ichschwachen Betrachter entstehen zu lassen. Das hat offensichtlich Bedeutung für die Entstehung von Gewaltbereitschaft; denn Gewaltanwendung tritt in der Regel dann auf, wenn die Voraussetzungen für eine kreative und kooperative Lebensgestaltung eingeschränkt sind. Jede seelisch-geistige Schwächung verstärkt daher die Gewaltbereitschaft.

Schwächung der Phantasie

Ausdrücklich soll auf die in diesem Zusammenhang gern übersehene Schwächung der Phantasie hingewiesen werden. Die Phantasiekräfte erstarken überall da, wo der Mensch etwas wahrnimmt oder erlebt, das sich nur dann ganz erschließt, wenn er es ergänzt. Im wirklichen Leben ist das - vorausgesetzt, wir sind aufmerksam und haben Interesse - fast immer der Fall. In jeder Menschenbegegnung verhüllt sich etwas, in das nur die Phantasie eindringen kann. Die Phantasie ist daher eine eminent soziale Fähigkeit.

Phantasie ist auch nötig bei der Gestaltung der eigenen Biographie. Soll sie der Individualität, die man ist, gerecht werden, dann muss etwas entstehen, das es noch nicht gibt. Ohne Phantasie ist das nicht zu leisten.

Ohne Phantasie können auch Krisen und Konflikte, die im Laufe des Lebens entstehen, nicht bewältigt werden. Und schließlich ist die Phantasie diejenige Kraft, die den Menschen über das sinnlich Wahrnehmbare hinausführt in jene Bereiche, die über und hinter dem Sinnlichen liegen, Bereiche, in die eingedrungen werden muss, wenn Einsichten gefunden werden sollen, die dem eigenen Leben Sinn und Ziel geben.

Die technischen Bilder schwächen die Phantasie aus folgenden Gründen:

1. Die Bildmedien verdrängen die Literatur. Das Lesen ist die große Schule der Phantasie, denn da werden aus kleinen schwarzen Zeichen innere Welten aufgebaut, Welten, die bei guter Literatur höchst komplex und subtil sind. Dabei schafft jeder Leser seine Welt.

2. Die Bewegtheit der Bilder und die Schnelligkeit des Bildwechsels führen zu einer Überforderung des Auges. Der Zuschauer versucht, möglichst viel von dem, was gezeigt wird, zu sehen. Da ist kein Platz für Phantasie, denn diese entsteht im Augenblick der Besinnung.

3. Die technischen Bilder zeigen Oberfläche, und nur Oberfläche. Da ist kein verborgenes Wesen, dem sich die Phantasie zuwenden könnte.

Bildinjektionen

Die Wirkung der Medien an sich kann durch die Inhalte in die eine oder andere Richtung verstärkt werden. Das Anschauen unzähliger Morde und anderer Gewalttaten führt im Seelischen zu einer Wirkung, die derjenigen ähnlich ist, die im Leiblichen durch das Impfen hervorgerufen wird. Das sei am Beispiel des Impfens gegen Kinderlähmung verdeutlicht. Bei dieser Impfung werden Polioerreger, die noch vermehrungsfähig sind, aber abgeschwächt wurden, in den Körper gespritzt. Der Körper reagiert auf die Krankheitserreger, indem er Antikörper bildet, die die Erreger unschädlich machen. Auf diese Weise entsteht eine künstlich erzeugte Immunität gegen Polio. Der Körper lernt, die entsprechenden Krankheitserreger abzuwehren.

Die bildliche Darstellung von Mordtaten und ähnlichen Gräueln führt auf seelischer Ebene zu einer Immunisierung gegenüber wirklicher Gewalt. Um zu verdeutlichen, wie das geschieht, sei ein Vergleich angestellt zwischen dem Erleben einer Gewalttat im wirklichen Leben und dem Anschauen einer entsprechenden Szene auf dem Bildschirm. Zunächst die reale Szene. Nehmen wir an, ich trete aus dem Haus und werde Zeuge, wie zwei Männer einen dritten Mann brutal schlagen und schließlich mit mehren Messerstichen töten. Entsetzen, Mitleid, Abscheu und Angst erfassen mich. Diese Seelenregungen entstehen durch meine Wahrnehmungen. Dabei beeindruckt mich nicht nur das, was sinnlich präsent ist. Die Wahrnehmung erfasst auch das, was sich bei den beteiligten Personen auf seelischer Ebene abspielt. Zum seelischen Erleben trägt auch das Denken bei. Es beleuchtet das Wahrgenommene, lässt erfassen, wie außergewöhnlich und wie folgenreich es ist.

Etwas Ähnliches wird man im Leben, wenn überhaupt, wahrscheinlich nur einmal erleben. Aber selbst dann, wenn ein entsprechendes Ereignis nach Jahren noch einmal aufträte, würde die Seele wie beim ersten Mal berührt werden. Eine seelische Abstumpfung dürfte kaum einmal vorkommen, ist in extremen Fällen aber möglich. Victor Frankl, der mehrere Jahre in Auschwitz und anderen Konzentrationslagern zubringen musste, gibt in seinem Buch ... *trotzdem Ja zum Leben sagen*[4] eine Psychopathologie des Lagerhäftlings. Frankl schildert, wie nach einigen Monaten seelische Apathie auftritt. Die Gefangenen geraten in einen Zustand, in dem sie zum Beispiel in der Lage sind, brutale Misshandlungen ihrer Kameraden mitzuerleben, ohne sich zu empören. Erschöpfung und Gewöhnung wirken zusammen, um diese Veränderung zu bewirken.

Auf dem Bildschirm würde die oben geschilderte Szene den Eindruck erwecken, der Zuschauer sei Augenzeuge einer Mordtat. Diese Wirkung mit den entsprechenden seelischen Reaktionen tritt bei allen auf, die so etwas zum ersten Mal sehen. Besonders deutlich ist das bei Kindern zu beobachten, die oft wochenlang unter Schlafstörungen leiden, wenn sie im Fernsehen brutale Szenen miterleben.

Was zunächst Entsetzen auslöst, wird nach einiger Zeit mit Vergnügen angeschaut. Zu der ursprünglichen Reaktion tritt die Erfahrung, dass nichts wirklich passiert, und diese Erfahrung verändert das seelische Erleben so, dass nur die als angenehm erlebte Spannung übrig bleibt. Die Seele lernt die Darstellung von Gewalttaten als vergnüglich zu erleben. In dem Augenblick beginnt das Impfen.

Dass nichts Schlimmes geschehe, ist eine Behauptung des Kopfes. In Wirklichkeit ist die Seele nicht einfach das Opfer einer Täuschung. Die Bilder, die sie erlebt, haben Merkmale der Wirklichkeit, sie sind halblebendig. Lebendig an ihnen ist zum Beispiel die Bewegung. Sie ist „wie im Leben", wie man im Hinblick auf die ersten Filme voller Begeisterung sagte. „Wie im Leben" sind auch das Spiel von Licht und Schatten, die Gesten, die Mimik, der Handlungsablauf, alles Hörbare wie Sprechen, Stöhnen, Schreien. Wenn der Mensch angesichts bildhaft dargestellter Szenen, in denen Menschen gequält werden, mit Entsetzen reagiert, dann ist das eine natürliche, selbstverständliche Reaktion. Lernt er, Derartiges mit Genuss anzusehen, dann hat die Seele ein Stück Unmenschlichkeit erworben. Die mediale,

---

[4] Viktor E. Frankl, *...trotzdem Ja zum Leben sagen. Ein Psychologe erlebt das Konzentrationslager,* München 1977

das heißt halblebendige Präsentation hat dafür die Voraussetzung geschaffen. Die Folgen treten auch gegenüber dem wirklichen Leben auf.

Dazu trägt noch die Tatsache bei, dass den gewaltdarstellenden Bildern in fast allen Fällen eine Botschaft anhaftet. Sie lautet: „Gewalt ist legitim!“ Oder: „Gewalt garantiert Erfolg!“ Oder: „Der Gewalttäter ist ein Held!“ Die Handlungen sind so aufgebaut, dass sie wie ein Beweis für solche Aussagen wirken. Sie sind nirgends ausdrücklich formuliert, werden aber doch in die Seele hineinhypnotisiert. Abstumpfung und Suggestion wirken so zusammen. Bei Kindern, die noch im Nachahmungsalter sind, dürfte die Wirkung besonders stark sein.

Verdeckte Botschaften

Die stärksten Wirkungen der Bildmedien gehen möglicherweise von Eigenschaften aus, die dem Betrachter gar nicht zum Bewusstsein kommen. Um das hier Gemeinte in den Blick zu bekommen, mache man sich Folgendes klar. Nehmen wir einmal an, jemand verfolgt auf der Leinwand eine Szene, in der zwei Menschen miteinander sprechen. Als Phänomenologe muss man dazu sagen: Das, was der Betrachter sieht und in seinem Bewusstsein hat, ist auf der Leinwand gar nicht vorhanden. Auf der Leinwand erscheinen in jeder Sekunde 48 Fotos (also stehende Bilder) der sprechenden Menschen. Zwischen den Fotos ist es vollständig dunkel. Für das einzelne Bild bleibt eine Projektionszeit von etwa einer Hundertstelsekunde.

Das Bewegungssehen entsteht durch das Zusammentreffen von zwei Faktoren. Die Trägheit des Auges (besser: die Haltekraft des Auges) sorgt dafür, dass ein Gegenstand, von dem kein Licht mehr auf die Netzhaut fällt, von dieser eine gewisse Zeit festgehalten wird. (Das ermöglicht zum Beispiel den Lidschlag, ohne dass es bei jedem Augenschließen für uns dunkel wird.) Während es auf der Leinwand dunkel ist, hält das Auge das eben gesehene Bild fest. Dann kommt das nächste Bild, das eine etwas spätere Bewegungsphase festhält.

Dass dabei ein Bewegungseindruck entsteht, hat mit dem so genannten Phi-Phänomen zu tun. Man kann dieses Phänomen mit folgendem Versuch nachweisen. In einem verdunkelten Raum lässt man zwei Lichtquellen, die sich nahe beieinander befinden, mit einem kurzen zeitlichen Abstand aufleuchten. Wenn der Abstand weniger als eine achtzehntel Sekunde beträgt, entsteht der Eindruck einer Bewegung, die von der ersten zur zweiten Lichtquelle geht. Die getrennten Lichtquellen als solche werden nicht wahrgenommen. Es handelt sich um eine optische Täuschung. Das Denken findet keine andere Erklärung als die, es müsse eine bewegte Lichtquelle vorliegen, und ruft die für das Erfassen von Bewegungen erworbenen Gehirnfunktionen auf.

Im Film kommt das Phi-Phänomen auf folgende Weise zustande. Nehmen wir an, auf der Leinwand sei ein Mensch zu sehen, der seine Hand bewegt. Greifen wir zwei der nacheinander projizierten Bilder heraus. Auf dem ersten befindet sich die Hand auf der Leinwand am Ort X, auf der zweiten am Ort X + Y. Der räumliche Abstand ist minimal (in Wirklichkeit überlappen sich die Bilder der Hand), der zeitliche Abstand ist kürzer als eine achtzehntel Sekunde. Das Denken kommt zu dem Urteil, das beobachtete Phänomen müsse durch Bewegung entstanden sein und regt das Gehirn zum Hervorbringen einer optischen Täuschung an.

Die Tatsache, dass wir auf der Leinwand gehende Menschen, fahrende Autos und fliegende Vögel sehen, beweist, dass die statischen Bilder, die dem zugrunde liegen und die bewusst nicht wahrgenommen werden können, vom Denken dennoch verarbeitet und beurteilt werden.

Es fragt sich, ob der Betrachter nicht noch zu einer weiteren Täuschung verleitet wird, die über die optische Täuschung weit hinausgeht. Man mache sich klar, dass die Welt, die die Bildmedien zeigen, der wirklichen Welt täuschend ähnlich sieht. Die Medienwelt, weiß das Unbewusste, entsteht durch das maschinelle Zusammenfügen von Bruchstücken. Wenn man sich stundenlang in dieser Medienwelt aufhält, dann ist sehr wahrscheinlich, dass in dem Augenblick, wo man mit wirklichen Menschen zusammen ist, aus dem Unbewussten die Suggestion aufsteigt: Was du wahrnimmst, ist eine Illusion. Dein

Eindruck, es mit Menschen aus Leib, Seele und Geist zu tun zu haben, entsteht durch das Zusammenfügen von Bruchstücken.

Durch die Art und Weise, wie die technischen Bilder hervorgebracht werden, befördern die Bildmedien eine Auffassung der Welt im Sinne des Materialismus. Die Suggestionen können um so stärker wirken, als sie auf einen fruchtbaren Boden fallen; denn auf Grund der Aussagen der herrschenden Wissenschaft ist die Mehrzahl der Menschen ohnehin überzeugt, sie seien so etwas wie biologische Computer, in jedem Fall aber Maschinen. Es liegt auf der Hand, dass die Hemmung, andere Menschen zu schädigen oder gar zu töten, auf diese Weise geschwächt wird. Im Extremfall wird das Töten nicht anders erlebt, als wenn man einen Menschen durch das Ausschalten des Fernsehapparates zum Verschwinden bringt.

Warum Gewaltdarstellungen so beliebt sind

Es soll nun einer Frage nachgegangen werden, der mit den Mitteln der Empirie kaum beizukommen ist und die daher von der Medienwissenschaft bisher wenig beachtet wurde. Fast alle Menschen sind sich darin einig, dass es verwerflich ist, einen anderen Menschen zu verletzen oder gar zu töten. Mord gilt in allen Gesellschaften als Kapitalverbrechen und wird mit der Höchststrafe geahndet. Warum sind Darstellungen solcher Taten aber so beliebt, dass sie pausenlos angeboten werden?

Um hier zu Ergebnissen zu kommen, ist es zunächst einmal nötig, sich Klarheit darüber zu verschaffen, was aus den Bildmedien Massenmedien gemacht hat. Man trifft, wenn dieser Frage nachgegangen wird, darauf, dass die Medien für das Massenpublikum eine bestimmte Funktion erfüllen. Sie sollen den Betrachter von seinen durch die alltäglichen Lebensumstände bedingten Stimmungen befreien und ihm stattdessen zu angenehmen Erlebnissen verhelfen. Wer zum Beispiel ins Kino geht, interessiert sich nur vordergründig für den Film, der gerade gezeigt wird. (Ich nehme die Cineasten hier ausdrücklich aus.)

In erster Linie geht es dem großen Publikum um die seelische Wirkung des Films. Er soll unangenehme Gefühle verdrängen und durch angenehme ersetzen.

Vor den Bildmedien haben bereits andere Medien, zum Beispiel der Unterhaltungsroman, diese Aufgabe erfüllt. In wenigen Jahren haben die Bildmedien dem Buch jedoch den Rang abgelaufen. Das hat damit zu tun, dass der Film (der Film möge hier stellvertretend für die audiovisuellen Medien stehen), ohne Eigenaktivität zu verlangen, eine intensivere Wirkung erzielt als das Buch. Er bietet die Möglichkeit, in einer Art mitfühlendem Träumen in eine auf der Projektionsfläche erscheinende Handlung einzutauchen. In dem Maße, wie das geschieht, kann der Betrachter die eigene Lebenswirklichkeit mitsamt den belastenden Gefühlen verlassen. Dabei entsteht das Paradox eines unbeteiligt Miterlebenden.

Hier liegt ein Hinweis auf das Theater nahe, weil auf den ersten Blick der Eindruck entstehen könnte, die Verhältnisse seien hier ganz entsprechend. In Wahrheit stehen aber wirkliche Menschen auf der Bühne. Schauspieler und Zuschauer nehmen sich gegenseitig wahr und bedeuten etwas füreinander. Dabei wird eine Intensivierung der Sinneswahrnehmung und eine Steigerung der seelischen Aktivität angeregt.

Warum, so ist nun zu fragen, ziehen Gewaltdarstellungen die Zuschauer an? Es gibt hierfür eine Reihe von Gründen. Zunächst muss auf die Tatsache hingewiesen werden, dass der Anblick von Gewalt, die gegen Menschen verübt wird, starke Gefühle hervorruft. Ein Mensch mit einem blutenden Kopf löst spontan Betroffenheit aus. Der Zuschauer weiß, ohne nachzudenken, was solch eine Wunde bedeutet. Der Film entfaltet daher seine ablenkende Wirkung bei einem Minimum an Verstehensleistung.

Unter den belastenden Gefühlen dürfte allerdings bei den meisten Menschen eines sein, das sich kaum verdrängen lässt: die Angst. Ein Film, in dem Menschen das Schlimmste, das überhaupt vorstellbar ist, geschieht, bietet dem Zuschauer die Möglichkeit, die eigene Angst auf die Filmhandlung zu projizieren. Er wird seine Angst dann zwar nicht los, sie betrifft ihn aber nicht mehr, weil er sich um einen anderen ängstigt.

Darstellungen von schlimmsten Gemeinheiten, die an anderen Menschen begangen werden, können auch mit Folgendem zusammenhängen. Bei einer Befragung von Jugendlichen, bei der es darum ging, warum sie Videos mit extremem Inhalt anschauen, stellte sich heraus: Die Menschen in den Filmen, so wurde gesagt, seien so schlimm und entsetzlich, dass sie an Bosheit alles überträfen, was im wirklichen Leben vorkomme. Lehrer und Eltern würden auf diese Weise erträglicher.

Gewaltdarstellungen können für einen Zuschauer auch die Funktion haben, überhaupt zu Erlebnissen zu kommen. Viele Seelen sind so stumpf - nicht zuletzt durch den Einfluss der Medien -, dass sie im Verlauf des natürlichen Lebens kaum zu Erlebnissen kommen. So entsteht ein Erlebnishunger, der durch Gewaltdarstellungen für Augenblicke gestillt wird.

Ein letzter Grund sei noch genannt. Er ist sicher der überraschendste. Ich möchte ihn im Sinne einer Vermutung äußern, wobei eine persönliche Erfahrung im Hintergrund steht. Vor einigen Jahren habe ich an der Universität Bremen mit mehreren Kollegen eine Veranstaltungsreihe zum Thema „Gewalt auf dem Bildschirm" durchgeführt. Zur Vorbereitung haben wir uns den „Roten Koffer" der Landesbildstelle ausgeliehen. Er enthält Videos mit extremen Inhalten und soll Lehrern die Möglichkeit geben, sich einen Eindruck davon zu verschaffen, was einige ihrer Schüler für Filme sehen. Ich habe von dem Inhalt des Koffers nur einen Bruchteil gesehen. Die Wirkung war dennoch deutlich zu spüren. Sie bestand unter anderem darin, dass für mehrere Tage alle meditativen Bemühungen schon im Ansatz scheiterten. Ich hatte den Eindruck, einen eisernen Hut auf dem Kopf zu tragen. Er wies alle Bemühungen zurück, mich über das rein Irdische zu erheben. Bei einer späteren Gelegenheit wiederholte sich diese Erfahrung.

Ich möchte dieses von mir beobachtete Phänomen mit Folgendem zusammenbringen. Es gibt heute viele Menschen - unter den Jüngeren dürfte der Anteil besonders hoch sein -, die über seelische Fähigkeiten verfügen, die eine mehr oder weniger deutliche Wahrnehmung davon ermöglichen, dass hinter dem Sinnenschein eine Welt geistiger Kräfte und Wesen wirkt. Die heutige Menschheit hat die Sehnsucht, dieser geistigen Welt zu begegnen. Zugleich besteht eine tief verwurzelte Angst vor den Erfahrungen und Aufgaben, die jenseits der Schwelle auf den Menschen warten. Rudolf Steiner stellt in diesem Zusammenhang fest: Mancher Zeitgenosse, der vehement die Position des Materialismus vertrete, tue das nur, weil er, ihm nicht bewusst, Angst vor der geistigen Welt habe.[5] Ich halte es für möglich, dass diese Angst einer der Gründe sein könnte, sich Gewaltdarstellungen auszusetzen. Sie erzeugen eine Mauer, die von der geistigen Welt trennt.

Es sei an dieser Stelle noch ein Blick auf eine bisher nicht erwähnte Auswirkung von Gewaltdarstellungen geworfen. Eben hieß es, solche Darstellungen würden benutzt, um die eigene Angst so umzulenken, dass der Eindruck entsteht, es gehe gar nicht um einen selbst. Diese Entlastung tritt allerdings nur während des Anschauens von Gewaltakten ein und hat ihren Preis, der darin besteht, dass die Angst nach dem Anschauen größer ist. Dieser Effekt konnte im Hinblick auf Fernsehzuschauer eindeutig belegt werden. Es wurde nachgewiesen, dass so genannte Vielseher (mehr als drei Stunden Fernsehen pro Tag) dazu neigen, die Verhältnisse in der Medienwelt - zum Beispiel die Häufigkeit und damit Wahrscheinlichkeit von Morden und anderen Verbrechen - auf ihre Lebenswirklichkeit zu übertragen. Die Folge ist, dass sie sich stärker bedroht fühlen als andere Menschen. Das findet seinen Niederschlag darin, dass Vielseher sich deutlich häufiger als andere Menschen mit Überwachungskameras, Sicherheitsschlössern und Waffen ausstatten. Gewaltdarstellungen erhöhen also nicht nur die Gewaltbereitschaft, sie führen auch dazu, dass die Mitmenschen für gewaltbereiter gehalten werden, als sie es in Wirklichkeit sind.[6]

---

[5] Siehe z. B. den Vortrag vom 30.12.1914 in dem Zyklus *Kunst im Lichte der Mysterienweisheit*, GA 275, Dornach 1990

[6] Siehe dazu vom Verfasser ausführlicher: „Das Vergnügen an Gewalt – Gründe und Folgen“, in: *Wege* 1 (2005), S. 13-17.

Einwände gegen die Ergebnisse der Medienforschung

Gegen die Aussage, Gewaltdarstellungen würden die Gewaltbereitschaft erhöhen, gibt es eine Reihe von Einwänden, die immer wieder erhoben werden. Einige dieser Einwände seien im Folgenden betrachtet. Angenommen, ein so genannter Nachahmungstäter habe ein Verbrechen begangen und sei dabei bis ins Detail einem Beispiel gefolgt, das kurz vorher im Fernsehen gezeigt wurde. Der nahe liegenden Annahme, dass zwischen der betreffenden Sendung und der Tat ein Zusammenhang besteht, wird gern mit dem Hinweis begegnet, Millionen Zuschauer hätten die Sendung gesehen, ohne danach ein Verbrechen zu begehen. Die Gründe, die zur Tat führten, müssten daher außerhalb des Mediums gesucht werden. Oft wird dann noch angefügt, ein Zusammenhang zwischen Medien und Verbrechen im Sinne von Ursache und Wirkung lasse sich nicht eindeutig nachweisen.

Diese Aussage ist richtig und außerdem selbstverständlich. Da der Mensch keine Maschine ist, lässt sich sein Verhalten nicht genau voraussagen. Die Medienwissenschaft macht daher auch keinerlei Aussagen über Einzelfälle. Sie untersucht die Bedingungen, die dazu führen können, dass jemand zum Gewalttäter wird. Außerdem fragt sie, in welchem Ausmaß einzelne Bedingungen die Wahrscheinlichkeit von Gewalttaten erhöhen. Diese Fragestellung führt zu der Erkenntnis, dass das Fernsehen den stärksten Einfluss auf die Gewaltbereitschaft hat. Aber auch diese Aussage bleibt im Rahmen der Aussagen über Wahrscheinlichkeiten. Das Fernsehen ist kein zwingender Faktor. Es ist daher kein Widerspruch, wenn es im Einzelfall friedfertige Dauerseher und gewalttätige Nicht-Seher gibt. Immerhin ist die Wahrscheinlichkeit, dass ein Mensch, insbesondere ein Kind, durch Medien zum Gewalttäter wird, so groß, dass der Gesetzgeber tätig werden müsste. Um mich als Autofahrer vor den Gefahren des Straßenverkehrs zu schützen, bin ich gesetzlich verpflichtet, Sicherheitsgurte anzulegen, ob ich will oder nicht. Da mit dem Genuss roher Milch gewisse Gesundheitsrisiken verbunden sind, darf sie nicht unbehandelt verkauft werden. Wäre der Gesetzgeber konsequent oder, anders ausgedrückt, würde er nicht mit zweierlei Maß messen, dann müsste er Gewaltdarstellungen in den Medien - insbesondere für Kinder - verbieten. Die

Gefahren, die davon ausgehen, sind um einiges größer als die Gefahren, die von unbehandelter Milch ausgehen.

Denjenigen, die Gewaltdarstellungen bedenklich finden, wird auch entgegengehalten, solche Darstellungen seien seit Urzeiten ein Bestandteil unserer Kultur. Da wird dann auf Kain und Abel verwiesen und den Tod am Kreuz. Besonders gern werden auch Bilder angeführt, die das Haupt Johannes des Täufers zeigen, auf einem Teller liegend, der der Tochter des Herodes präsentiert wird. Oder man erinnert an Darstellungen des Heiligen Stephan, die ihn von Pfeilen durchbohrt zeigen. In Mythen und Märchen lassen sich auch ohne Mühe Darstellungen von Gewalt finden. Ebenfalls in der Dichtung. Wenn eine lange Reihe solcher Beispiele aufgezählt wird, entsteht tatsächlich leicht der Eindruck, es bestehe kein Anlass zur Sorge.

Dieser Eindruck löst sich allerdings sofort auf, wenn genauer hingeschaut wird, vor allem wenn die Bereitschaft besteht, auf Unterschiede zu achten. In diesem Sinne sei ein Bild des Heiligen Stephan verglichen mit einer Schießerei, in deren Verlauf ein Mensch getötet wird, wobei in allen Einzelheiten zu sehen ist, wie Blut fließt und Fleisch zerfetzt wird.

Der Leib des Heiligen Stephan ist auf Abbildungen älterer Zeit harmonisch und wohl gebildet. Er wirkt, obwohl Pfeile in ihm stecken, nicht misshandelt oder zerstört. Dazu trägt auch der Gesichtsausdruck bei. Die Maler haben den Heiligen gefasst, ja verklärt dargestellt. Auf diese Wirkung kam es an. Die Gewalteinwirkungen werden nur gezeigt, damit die Tugenden des Opfers dieser Gewalt um so leuchtender hervortreten. Gewaltdarstellungen treten bis ins 18. Jahrhundert hinein nur in solchen oder ähnlichen Zusammenhängen auf. Die Gewalt an sich interessiert nicht.

Beginn des Vergnügens an Gewaltdarstellungen

Geht man der Frage nach, wann sich das ändert, stellt man überrascht fest, dass sich der Zeitraum genau angeben lässt. Im letzten Drittel des 18. Jahrhunderts entstehen zum Beispiel die Schauerromane oder

„gotischen“ Romane. Einer der bekanntesten ist *The Monk* von M. G. Lewis, der 1789 erscheint und in kurzer Zeit viele Auflagen erreicht. Das Buch besteht überwiegend aus Szenen voller Sadismus, Sexualität und Gräueln. Es wird in seiner Abartigkeit von Produkten heutiger Zeit nicht übertroffen.

Auf der Bühne sah es nicht anders aus. Zeitgenössische Kritiker beklagen sich über die endlosen Metzeleien. Sie bemängeln auch das Nebeneinander von „Küssen und Dolchen“, was nichts anders bedeutet, als dass man damals schon das Erfolgsrezept „Sex and Crime“ entdeckt hatte.

Unterhaltungsangebote in Form von Romanen und Theaterstücken hatte es schon im 16. und 17. Jahrhundert gegeben, wie aus den Bemerkungen zeitgenössischer Philosophen hervorgeht. Neu ist, dass mit Darstellungen von Mord und Totschlag unterhalten wird. Solche Dinge hatten bis dahin als Thema interessiert, nicht als äußeres Faktum. In Shakespeares Drama *König Heinrich IV* liegt der Mord, der Heinrich den Weg zum Thron ebnet, vor dem Stück. Das Stück handelt von den Motiven des Königs und den Folgen seiner Tat. In den Unterhaltungsangeboten des ausgehenden 18. Jahrhunderts tritt der Mord an sich, neben Sadismus und Sexualität, in den Mittelpunkt. Die Motive und die Folgen werden nebensächlich. Die Handlung sinkt zum Vorwand für Sensationelles herab.

Einige historische Entwicklungen seien angedeutet, die mit diesen Veränderungen zusammenhängen. Das letzte Drittel des 18. Jahrhunderts ist die Zeit der Französischen Revolution. Überall, nicht nur in Frankreich, führt das erwachende Freiheitsstreben zu einem Aufbegehren gegen etablierte Ordnung und Autoritäten. Das Erstarken der Individualität bewirkt, dass sich die Einbindung des Einzelnen in soziale Zusammenhänge lockert.

Orientierungslosigkeit und Einsamkeitsgefühle treten auf. Dazu tragen auch Entwicklungen bei, die das Denken und das religiöse Leben der Menschen betreffen. Auf philosophischem Gebiet entwickelt sich der Materialismus. Der Astronom und Mathematiker Pierre Simon de

Laplace entwickelt in seinen Werken über Himmelsmechanik eine Abschleuderungstheorie, mit der zum ersten Mal eine rein mechanistische Erklärung unseres Planetensystems versucht wird. Am bekanntesten wird Laplace durch seine Theorie der Wahrscheinlichkeit, die in fast alle europäischen Sprachen übersetzt wird. Der zentrale Gedanke darin erlangte unter der Bezeichnung „Laplacescher Dämon" geradezu Berühmtheit. Laplace behauptet, wenn wir im Hinblick auf in der Zukunft liegende Ereignisse immer nur angeben können, wie wahrscheinlich sie seien, ohne jemals Gewissheit darüber zu haben, was tatsächlich eintreten wird, so liege das lediglich an dem unzureichenden Wissen über das, was den zukünftigen Ereignissen vorausliege. Eine Intelligenz, die in der Lage sei, alle in einem bestimmten Weltenaugenblick wirksamen Kräfte wahrzunehmen und zu analysieren, könnte sich auf diese Weise sowohl die Vergangenheit als auch die Zukunft erschließen. Laplace vertritt mit diesem Gedankenexperiment einen strikten Determinismus, der die Freiheit als etwas dem Menschen Erreichbares negiert.

In der zweiten Hälfte des 18. Jahrhunderts beginnt auch die Technisierung der Produktion. In den Manufakturen setzt sich eine immer differenziertere Arbeitsteilung durch mit der Folge, dass die Produktivität erheblich steigt. Dabei verändern sich die Arbeitsbedingungen so, dass der einzelne Mensch zum Handlanger einer großen Maschinerie wurde. Zu gleicher Zeit beginnt der Staat mit der sich entwickelnden Bürokratie stärker als bisher in das Leben der Bürger einzugreifen. Friedrich Schiller musste bereits 1795 feststellen:

> „Ewig nur an ein einzelnes kleines Bruchstück des Ganzen gefesselt, bildet sich der Mensch selbst nur als Bruchstück aus, ewig nur das eintönige Geräusch des Rades, das er umtreibt, im Ohre, entwickelt er nie die Harmonie seines Wesens, und anstatt die Menschlichkeit in seiner Natur auszuprägen, wird er bloß zu einem Abdruck seines Geschäfts, seiner Wissenschaft. Aber selbst der karge fragmentarische Anteil, der die einzelnen Glieder noch an das Ganze knüpft, hängt nicht von Formen ab, die sie sich selbsttätig geben, (...) sondern wird ihnen mit skrupulöser Strenge durch ein Formular vorgeschrieben, in welchem man ihre freie Einsicht gebunden hält."[7]

---

7 Friedrich Schiller, *Über die ästhetische Erziehung des Menschen in einer Reihe von Briefen*, Jena 1795, Sechster Brief

Der Mensch macht sich in dem hier betrachteten Zeitraum auf den Weg, neue Seelenfähigkeiten zu entwickeln, Seelenfähigkeiten, die es ihm erlauben, als Individuum an die Stelle alter Autoritäten zu treten. Der Verlust alter Fähigkeiten tritt, wie immer, schneller ein als der Gewinn neuer Fähigkeiten. Es entstehen seelische Belastungen, zu deren Zerstreuung die bis dahin entstandenen Unterhaltungsangebote nicht mehr ausreichen. Hier bereits beginnt, was die Medienwissenschaft des Zwanzigsten Jahrhunderts als Reizspirale entdecken und untersuchen wird.

Das Neue an den Gewaltdarstellungen der Gegenwart

Auf welche Steigerungen trifft man, wenn Gewaltdarstellungen des 18. Jahrhunderts mit denen heutiger Zeit verglichen werden? Da ist zunächst einmal eine gigantische Zunahme festzustellen. Im 18. Jahrhundert war das Lesen eines Buches oder der Besuch eines Theaters auf den kleinen Kreis der Gebildeten und zugleich Wohlhabenden beschränkt. Lesen und Theaterbesuch stellten außerdem eine Ausnahme im Leben dieser Menschen dar. Zeitlich füllte diese Ausnahme nur einen winzigen Ausschnitt des Lebens. Heute kann fast jeder zu jeder beliebigen Stunde des Tages oder der Nacht Darstellungen von Gewalt anschauen. Er braucht dazu nicht einmal das Haus zu verlassen.

In früheren Zeiten konnten Gewaltanwendungen und ihre Folgen nur angedeutet werden (auf der Bühne). Oder man musste sie sich vorstellen (beim Lesen eines Romans). Im Film und im Fernsehen werden Gewalt und ihre Auswirkung mit größter Genauigkeit bis hin zur Verwendung von Großaufnahmen gezeigt. Tricktechnik erlaubt es, das Verletzen und Verstümmeln eines Menschen echt aussehen zu lassen. Der Zuschauer wird zum Komplizen, der seine Freude an der Tat hat.

Zur Steigerung der Wirkung trägt bei, dass ästhetische Mittel, das heißt Möglichkeiten der Gestaltung eingesetzt werden, um die Gewaltdarstellung möglichst reizvoll und ausdrucksstark zu machen.

Spannungssteigernd wirkt zum Beispiel die Abfolge bestimmter Bildformate (etwa von der Totalen über Zwischenstufen zur Großaufnahme) oder die Steigerung des Schnitttempos. Durch Geräusche und Hintergrundmusik können ebenfalls starke Effekte erzielt werden. Diese Mittel steigern den Unterhaltungswert, bedeuten aber letztlich eine Verhöhnung der Opfer, auf deren Kosten man sich unterhält. (Trick und Simulation ändern nichts daran, dass die Bilder halblebendig sind.)

Ein weiterer Unterschied zu Theater und Roman besteht darin, dass die mediale Unterhaltung mit Hilfe von Maschinen hervorgebracht wird. Die maschinenerzeugten Bilder haben, wie oben über die Bildproduktion gesagt wurde, Eigenschaften, die dem Menschen Gewalt antun, ganz gleich, welches ihr Inhalt ist. Bei Bildern, die Gewalt zeigen, liegt doppelt Gewalt vor.

Computerspiele

Eine weitere Steigerung stellen Computerspiele dar. Hier ist der Spieler in die Spielhandlung einbezogen, das heißt er nimmt Einfluss auf das, was auf dem Bildschirm geschieht. Mit der Maus oder dem Joystick wird zum Beispiel ein Auto gesteuert oder es wird mit einer Waffe gezielt und geschossen. In den Spielen, die am häufigsten gespielt werden, geht es um das Verletzen, Quälen und Töten von Menschen. Gewalt tritt auch oft in der Form sexueller Perversion auf.

Computerspiele unterscheiden sich von Filmen und Videos dadurch, dass die Intensität, mit der sich der Spieler mit der von ihm geführten Figur identifiziert, mit nichts zu vergleichen ist, was es bisher in den Medien gab. Erfolg und Misserfolg des Spielers hängen einzig und allein davon ab, wie schnell und geschickt er in das Geschehen eingreift, wobei der Erfolg darin besteht, möglichst viele Gegner zu töten, während Misserfolg den „Tod" der Spielfigur bedeutet. Der Spieler pendelt ständig zwischen Opfer und Täter und versucht natürlich, sich möglichst lange als Täter zu behaupten.

Über die Folgen dieser Spiele liegen noch nicht so viele Untersuchungen vor wie über die Gewaltdarstellungen in Film und Fernsehen. Die wenigen Untersuchungen zeigen jedoch deutlich, dass es zu einer Steigerung der Gewaltbereitschaft kommt. Am eindrucksvollsten sind die Arbeiten von Dave Grossman.[8] Den Anstoß, sich mit Computerspielen zu beschäftigen, bekam er von den an amerikanischen Schulen verübten Massakern. Grossman wurde als Psychologe gebeten, bei der Bewältigung der seelischen Folgen, die von diesen Taten ausgelöst wurden, zu helfen. Er interessierte sich auch für die Täter. Dabei stieß er auf Tatsachen, die zunächst unerklärlich waren. Der 14 Jahre alte Schüler Michael Corneal stahl eine Pistole aus einem Nachbarhaus. Am nächsten Tag nahm er sie mit in die Schule und schoss damit auf seine Mitschüler. Es war das erste Mal in seinem Leben, dass er mit einer echten Waffe schoss. Er feuerte achtmal und traf achtmal. Von den acht Treffern waren fünf Kopfschüsse, drei trafen die Brust. Drei Kinder waren auf der Stelle tot, ein viertes wurde so schwer verletzt, dass es seitdem gelähmt ist.

Dave Grossman untersuchte ähnliche Fälle und traf auch dort auf eine überdurchschnittliche Treffsicherheit und auf ein Überwiegen von Kopfschüssen. Dass er sich für solche Dinge interessierte, hing mit der Tätigkeit zusammen, die er bis dahin ausübte. Er arbeitete als Oberstleutnant beim amerikanischen Militär und hatte die Aufgabe, das Schießtraining der Soldaten möglichst effektiv zu gestalten. Dazu gehörte vor allem, die natürlicherweise bei allen Menschen vorhandene Tötungshemmung zu beseitigen.

Militärhistoriker hatten herausgefunden, dass die Soldaten in den vergangenen Kriegen überwiegend gar nicht gezielt und mit Tötungsabsicht geschossen hatten. Für den Zweiten Weltkrieg wird geschätzt, dass nur 15 bis 20 % der Soldaten bewusst und im Anblick ihrer Opfer töteten. Die Übrigen schossen gar nicht oder zielten daneben.

Im Vietnamkrieg waren 95 % der Soldaten fähig, einen Gegner zu töten. Diese Entwicklung war dadurch erreicht worden, dass man die

---

[8] Dave Grossman/Gloria De Gaetano, *Wer hat unseren Kindern das Töten beigebracht? Ein Aufruf gegen Gewalt in Fernsehen, Film und Computerspielen*, Stuttgart 2002

Zielscheiben durch Tötungssimulatoren ersetzte. Die übenden Soldaten schossen auf Menschen, die auf Bildschirmen auftauchten. Das Zielen und schnelle Abdrücken wurde so oft geübt, dass es schließlich reflexartig funktionierte. Die Psychologen sprechen von „operanter Konditionierung". Diese Konditionierung kann so stark gemacht werden, dass sie sich im Ernstfall gegen Stress, Angst und eben auch gegen die Tötungshemmung durchsetzt.

Dave Grossman fand heraus, dass alle Schüler, die leichtfertig Menschen mit einer Waffe getötet hatten, ausnahmslos viel Zeit mit so genannten Ego-Shooter-Spielen zugebracht hatten. Die Spieler zielen mit dem Joystick wie mit einer Waffe und müssen möglichst reaktionsschnell auf alles schießen, was sich bewegt, wobei es für Kopfschüsse Extrapunkte gibt. Grossman konnte zeigen, dass die Art, wie die Täter getötet haben (Treffsicherheit; Kaltblütigkeit; pro Opfer wird nur ein Schuss abgegeben, möglichst auf den Kopf; der Schütze schießt aus dem Stand), unerklärlich ist, wenn man nicht das vorausgehende Training mit Hilfe der Ego-Shooter-Spiele in Rechnung stellt. Diese Annahme wird dadurch bestätigt, dass für die Schießübungen der Polizisten und Soldaten inzwischen handelsübliche Ego-Shooter-Spiele, die man leicht modifiziert hat, verwendet werden. Sie erfüllen die Funktion von Tötungssimulatoren. Wenn das Fernsehen, so fragt Grossman, nach zwanzig Jahren zu einer Verdoppelung der Mordrate führte, was werden die Ego-Shooter-Spiele für Folgen haben?

Kritische Stimmen wie diese haben es gegenwärtig schwer, Gehör zu finden, zumal die Medien auch im Fall der Computerspiele wenig geneigt sind, die Ergebnisse der Medienforscher zu verbreiten. Eher geschieht das Gegenteil, wie zum Beispiel in der August-Ausgabe von *The Economist* (6.-12. August 2005). Das Titelblatt zeigt einen Jungen an einer Spielekonsole, darüber steht in großen Buchstaben „Breeding Evil? The Real Impact of Video Games."

Im Inneren des Heftes macht man sich lustig über diejenigen, die vor Computerspielen warnen. Sie leiden, so heißt es, an „neophobia", hätten Angst vor allem Neuen und ständen in einer Reihe mit all jenen, die meinten, die Jugend sei in Gefahr, weil sie nicht alles so mache wie die Alten. Es handele sich um nichts als ein Generationenproblem und da liege, so wird süffisant angemerkt, auch die Lösung; denn die Spieler seien unter 40 Jahren, die Kritiker seien alle älter als 40. Mit jedem Jahr werde, darauf könne man sich verlassen, der Chor der Kritiker leiser. Zu allem Überfluss wird dann auch noch frech behauptet, es gebe bis heute keinen wissenschaftlichen Nachweis für negative Wirkungen der Computerspiele.

Wird der Artikel nicht kritisch gelesen, hat er geradezu etwas Zwingendes. Er wirkt auch so, dass er das Problematische als normal erscheinen lässt. So wird der Feststellung, Computerspiele könnten süchtig machen, entgegengehalten, amerikanische Jugendliche würden im Durchschnitt pro Woche 25 Stunden vor dem Fernsehgerät sitzen, aber nur 18 Stunden für Computerspiele verwenden. Was für ein Argument! Rechnet man beide Zahlen zusammen, kommt man auf 6 Stunden, die täglich mit Fernsehen und Computerspielen verbracht werden. Normal?

Was muss sich ändern und was können wir tun?

Abschließend einige Gedanken zu der Frage, was getan werden kann, damit sich etwas ändert. Da muss, sofern es vor allem um Kinder und Jugendliche gehen soll, zunächst einmal gefragt werden: Warum spielen die Medien in ihrem Leben eine so große Rolle, warum wird diesen so viel Zeit gewidmet? Auf diese Frage gibt es klare Antworten. Forschungen zu den Motiven der Kinder haben gezeigt, dass sie in erster Linie Langeweile vertreiben wollen. Die Produzenten von Kindersendungen haben sich darauf eingestellt. Die Sendungen sollen bei den Kindern dieselbe Spannung erzeugen, die sie beim Spielen im Freien mit anderen Kindern erleben würden. Man spricht in diesem Zusammenhang von einem bestimmten Erregungsniveau, das durch die Sendungen erreicht werden soll und das auch gemessen werden kann (Atemfrequenz, Pulsfrequenz, Hautwiderstand). Während für ein Kind, das selbst aktiv ist, dieselben Spiele immer wieder spannend sind, tritt gegenüber den medialen Darbietungen rasch ein Gewöhnungseffekt ein. Auf diese Weise kommt die so genannte Reizspirale in Gang, das heißt, die spannungssteigernden Mittel müssen ständig gesteigert werden. Diese Entwicklung führt zu immer mehr Hektik und immer extremeren Inhalten. Man hat es hier mit einem Phänomen zu tun, das durchaus vergleichbar ist mit der Notwendigkeit der Dosissteigerung beim Gebrauch von Suchtmitteln.

Ein weiterer Faktor, der eine Rolle spielt, ist das Vorbild der Eltern. Kinder, deren Eltern ausgiebig das Fernsehen nutzen, liegen mit ihrem Medienkonsum deutlich über dem Durchschnitt.

Bei den Jugendlichen kommt als Faktor hinzu, dass sie versuchen, mit Hilfe der Medien Belastungen und Enttäuschungen zu verdrängen, wobei Misserfolge und Frustrationen, die in der Schule erlebt werden, die Hauptrolle spielen. Aus Befragungen weiß man, dass Jugendliche Computerspiele unter anderem deshalb so attraktiv finden, weil dort ein Gebiet ist, auf dem sie auf Grund des Könnens, das sie sich erworben haben, erfolgreich sind. „This land is your land“, dieser Werbe-Slogan eines Herstellers von Computerspielen zielt genau in diese Richtung.

Angesichts der Gründe, die für den hohen Medienkonsum verantwortlich sind, wird sofort deutlich, warum es so schwer ist, die Medien einzudämmen. Tatsächlich geht das nicht ohne grundlegende Änderungen. Kinder brauchen eine kinderfreundliche Welt und haben einen Anspruch darauf. Innerhalb weniger Jahrzehnte ist die natürliche, für Kinder zugängliche Welt weitgehend unter Straßen, Hochhäusern, Flugplätzen und dergleichen verschwunden. Als Ersatz wurde das Kinderzimmer erfunden. Inzwischen ist das Kinderzimmer in vielen Fällen derart mit Medien und elektronischem Spielzeug ausgestattet, dass von kinderfreundlich hier auch nicht mehr die Rede sein kann.

Ein anderes Problem sind die Eltern. Warum sind die meisten, was die Mediennutzung betrifft, ein schlechtes Vorbild? Weil sie, wie die Motivforschung herausgefunden hat, mit Hilfe der Medien, vor allem mit Hilfe der im Fernsehen laufenden Serien, einen Stimmungsumschwung herbeiführen wollen. Die seelische Stimmung ist oft durch die Belastungen am Arbeitsplatz, durch zwischenmenschliche Konflikte und durch Bedrohungs- und Sinnlosigkeitsängste geprägt. Medien verdrängen die Belastungen, indem sie angenehmere Stimmungen entstehen lassen. Das funktioniert allerdings nur um den Preis, dass die verdrängenden Mittel immer stärker werden müssen. Schließlich verlieren sie weitgehend ihre Wirkung.

Eine Heilung der seelischen Not kann nur gelingen, wenn der Mensch mit seinen eigenen Kräften dazu beiträgt. Die Kräfte, die da nötig sind, müssen solche sein, die ihren Ursprung im menschlichen Ich haben. Nur von diesem Kraftort aus kann das seelische Leben gestaltet werden. Das setzt voraus, dass sich der Mensch solche Kräfte zutraut. Mit anderen Worten: Das Denken im Sinne des Materialismus muss überwunden werden.

Was muss mit der Schule geschehen? Die meisten Schulen sind gegenwärtig das, was Reinhard Kahl „Schulen der Beschämung" nennt.[9] Sie sortieren die Schüler nach ihren intellektuellen Leistungen und führen den schwächeren penetrant vor Augen, was sie nicht können. Dabei wäre es sinnvoller, Freude am Lernen, Kreativität und soziale Fähigkeiten zu fördern. Das würde den Schülern helfen, nach der Schule ihr Leben in die Hand zu nehmen. Zugleich hätten sie etwas erworben, das ein Schutz wäre vor der Abhängigkeit von Medien und anderen Konsumangeboten.

Ein Beispiel aus der Waldorfpädagogik

Fragt man, welche der gegenwärtig praktizierten Pädagogiken in der Lage ist, ein Gegengewicht gegen Passivität und Phantasielosigkeit zu bilden, dann ist an erster Stelle die Waldorfpädagogik zu nennen. Exemplarisch sei in diesem Zusammenhang das von Rudolf Steiner

9 Ich entnahm die Bezeichnung, die ich für sehr treffend halte, einem Vortrag, den Reinhard Kahl am 13. November 2002 in Bremen hielt im Rahmen einer Festveranstaltung zum zehnjährigen Bestehen der Bremer Schulbegleitforschung.

für die unteren Klassen als neuer Unterrichtsgegenstand eingeführte Formenzeichnen genannt. Im Folgenden wird die Wirkung des Fernsehens der Wirkung des Formenzeichnens gegenübergestellt.

Durch das Formenzeichnen soll Dreierlei veranlagt werden. Zunächst einmal ist festzuhalten, dass das Kind, wenn es mit dem Malstift oder dem Malblock eine Form auf das Papier bringt, mit allen seinen Kräften, als ganze Wesenheit, tätig werden muss. Die Feinmotorik des Leibes wird betätigt und geübt. Wille ist nötig, damit die Linie, die immer ausbrechen will, zu der Form wird, die entstehen soll. Das Denken sorgt für die Richtigkeit der Form und das Gefühl sagt, ob sie schön ist. In dem organischen Zusammenwirken der verschiedenen Anlagen kann das Ich des Kindes leben. Damit ist die Voraussetzung dafür gegeben, dass die Tätigkeit des Kindes zur Bildung bleibender Fähigkeiten, wie zum Beispiel dem Schönheitssinn, führt.

Eine weitere Wirkung hängt mit der Eigenart und den Qualitäten der Form zusammen. Zum Verständnis dessen, worum es da geht, muss etwas zur Form gesagt werden. Seit Aristoteles wird mit den Begriffen Form und Materie beschrieben, wie die einzelnen Dinge der sinnlich wahrnehmbaren Welt entstehen. Nehmen wir einen Baum, einen ganz bestimmten Kastanienbaum. Er hat, entsprechend seinem Standort, seinem Alter und anderen Faktoren, eine charakteristische, ganz einmalige Gestalt. Sie ist nach Aristoteles dadurch entstanden, dass Bewegung stattgefunden hat, in deren Verlauf Formkräfte die Materie geprägt haben. Die Materie wird dabei als weibliches, die Form als männliches Element aufgefasst. Durch die Form entsteht aus der unbestimmten Materie ein Einzelding oder Einzelwesen, ein unverwechselbarer Bestandteil der Schöpfung. Durch die Formkräfte bekommt dieser Bestandteil seine Eigenart, sein Wesen. Bei Aristoteles heißt es: „Form nenne ich den Wesensbegriff eines jeden Dinges und sein ursprüngliches Wesen.“[10] Durch die Form, so kann man sagen, wird alles, was ist, das, was es ist.[11]

---

[10] Aristoteles, *Metaphysik* VII, 7, 1032 b1f.

[11] Vergleiche dazu: *Historisches Wörterbuch der Philosophie*, herausgegeben von Joachim Ritter, Artikel „Form und Materie“, Basel 1972

Wenn ein Kind eine Spirale zeichnet, dann entsteht ein Einzelding. Gibt sich das Kind dem Zeichnen ganz hin, dann taucht es mit seinem Erleben in die Geheimnisse der Schöpfung ein. Es ist mit seiner eigenen Tätigkeit daran beteiligt, wie durch Bewegung die Formkräfte die Möglichkeit bekommen, die Materie so zu prägen, dass etwas Besonderes entsteht.

Wenn das Kind die Spirale, die es eben gezeichnet hat, anschaut, dann ist ihm klar: Was da auf dem Papier haftet und festgeworden ist, das war eben noch in Bewegung, das ist ein Ergebnis einer Tätigkeit, in der sich Kräfte ausgelebt haben. Das Formenzeichnen regt dazu an, die Welt so zu betrachten, dass immer erlebt wird: Was da vor mir existiert, was da von mir wahrgenommen wird, das ist Ergebnis eines Werdens und es sind die Formen, die von den Kräften und Wesen künden, die sich in diesem Werden offenbaren. Die innere Regsamkeit, die das Wahrnehmen dank solcher Gedanken und Empfindungen begleitet, lässt die Welt lebendig werden. Sie beginnt, überall von ihrem Ursprung zu sprechen.

Das alles lässt sich auch zusammenfassen, indem gesagt wird: Das Formenzeichnen veranlagt einen künstlerischen Blick auf die Welt.

Das Dritte, auf das aufmerksam gemacht werden soll, hängt mit den Formkräften selber zusammen. Sie sind nach den Forschungen Rudolf Steiners im Kind in den ersten sieben Jahren in der Weise tätig, dass sie den Leib, vor allem die inneren Organe, so weit entwickeln, dass die individuelle Form vollständig entfaltet ist. Ist diese Form da, etwa die für das Kind charakteristische Form der Lunge, findet fortan nur noch Größenwachstum statt.

Für die Formkräfte bedeutet das - zumal dann auch die zweiten Zähne ausgebildet sind -, dass ein Teil von ihnen für das Leben des Organismus nicht mehr notwendig ist. Sie werden frei und stehen dem bewussten Seelenleben zur Verfügung. Dadurch wird das Kind schulreif. Es kann zum Beispiel Formen erkennen und zeichnen.

Die Formkräfte teilen sich fortan in solche, die weiterhin in Regionen des Organismus, die dem Bewusstsein entzogen sind, tätig sind, und solche, die dem bewussten Seelenleben dienen. Zwischen beiden Bereichen gibt es Verbindungen und Wechselwirkungen. Dazu gehört Folgendes. Nehmen wir an, das Kind hat mit Aufmerksamkeit und Hingabe eine Spirale gezeichnet. Danach geht es mit anderen Formen weiter, die Spirale wird vergessen. Vergessen heißt nicht, dass etwas verschwindet, sich in Luft auflöst. Das kann an folgender Erfahrung, die jeder machen kann, deutlich werden. Nehmen wir an, jemand kauft im Vorübergehen an einem Kiosk eine Zeitung. Beim Bezahlen sieht er den Verkäufer kurz an. Wenig später kann er sich an das Gesicht nicht mehr erinnern. Dennoch weiß er, wenn er am nächsten Tag zu dem Kiosk kommt, dass ihn der Verkäufer schon einmal bedient hat. Er kann ihn wiedererkennen.

Wo wurde das Gesicht in der Zwischenzeit aufbewahrt? Folgt man Rudolf Steiner, dann sinken alle Wahrnehmungen in den Bereich der im Organismus wirkenden Formkräfte ab (Rudolf Steiner bezeichnet die Gesamtheit dieser Kräfte als Lebensleib, Ätherleib oder Bildekräfteleib). Dort wirken sie je nachdem belebend oder schwächend. Belebend wirken sie dann, wenn der Mensch beim Wahrnehmen aufmerksam und vollbewusst war, mit anderen Worten, wenn seine Ich-Kräfte beteiligt waren. Sinken solche Eindrücke ab, dann bringen sie Seelenhaftes und Ichhaftes mit, das die im Unbewussten verlaufenden Lebensprozesse anregt und kräftigt.

Eine gezeichnete Spirale gehört, wenn sie in das Unbewusste des Urhebers absinkt, ganz eindeutig zu den verlebendigenden Wahrnehmungen. Darüber hinaus kann das Formenzeichnen auf die gesamte Wahrnehmung so wirken, dass das ichhafte Element gestärkt wird. Das Kind sieht überall in der Natur Formen, die es aus eigener Tätigkeit kennt und mit denen es sich schon einmal verbunden hatte. Es bringt die innere Regsamkeit, die es sich beim Formenzeichnen erworben hat, in die Begegnung mit der übrigen Welt ein. Damit wird ein Gegengewicht geschaffen gegen oberflächliche und flüchtige Wahrnehmungen, Wahrnehmungen, mit denen sich der betreffende Mensch kaum verbunden hat. Solche von den Seelenkräften unberührte Wahrnehmungen wirken, wenn sie absinken, wie störende Fremdkörper.

Wird dem Formenzeichnen das Fernsehen gegenübergestellt, dann ergibt sich in allen hier besprochenen Punkten eine klare Gegenbildlichkeit. An die Stelle einer Tätigkeit, die das Kind mit allen seinen Fähigkeiten herausfordert und aktiviert, tritt eine partielle Inanspruchnahme. Durch Sitzen und Starren wird der gesamte Leib ruhig gestellt. Von den Sinnen wird vor allem das Sehen angesprochen, das sich dabei, bedingt durch den fortgesetzten Blick auf eine Fläche, zum Glotzen verändert. Das wirkt sich auf die Beteiligung der Seelenkräfte aus. Der Wille wird fast ganz zurückgestoßen, weil alles, was das Kind erlebt, ohne sein Zutun geschieht. Es wird ohne Eigenaktivität mitgerissen. Das Ich des Kindes ist von diesem Treiben ausgeschlossen; es kann sich unmöglich daran beteiligen.

Die Nachwirkungen, die das hat, werden durch die Natur des Fernsehbildes noch verstärkt. Das maschinell erzeugte Bild hat die Eigenschaft, die sichtbare Welt auf die materielle Oberfläche zu reduzieren. Bei einer unmittelbaren Begegnung, etwa mit einem Menschen, ist das Äußere, dass wir sehen, belebt, beseelt und durchgeistigt. Davon werden wir angesprochen, weil wir entsprechende Wahrnehmungsorgane haben. Das bedeutet, philosophisch formuliert, dass wir als Wahrnehmende immer auf dem Weg von der Erscheinung zum Wesen sind. Je entwickelter die Seelenkräfte, je größer das Interesse an der Welt, um so deutlicher der Wunsch, das Wesen hinter den Erscheinungen zu erfassen.

Das technisch erzeugte Bild, sei es Fotografie, Film oder Fernsehen, kann nur die Erscheinung festhalten. So entsteht eine rein materielle Welt, in der Wesenhaftes allenfalls vorgetäuscht werden kann, in Wirklichkeit aber vollständig fehlt. Wer wieder und wieder solche Bilder sieht, gewöhnt sich allmählich daran, in einer Welt der Erscheinungen zu leben. Das Interesse am Wesenhaften und die Fähigkeit, es zu erfassen, werden immer schwächer. Mehr und mehr tritt dann auch bei der unmittelbaren Begegnung mit Natur und Menschen nur deren äußere Erscheinung ins Bewusstsein.

Das Kind ist von dieser Wirkung der maschinellen Bilder besonders betroffen. Beim Erwachsenen führen die technischen Medien dazu, dass Fähigkeiten nicht geübt werden und dadurch möglicherweise verkümmern. Beim Kind kann es dazu kommen, dass sich Fähigkeiten gar nicht oder nur sehr unvollkommen entwickeln. Außerdem werden gerade beim Schulkind durch alles, was es tut, Haltungen und Gewohnheiten veranlagt und eingeübt, zum Beispiel eine Neigung zur aufmerksamen oder eine Neigung zur oberflächlichen Betrachtung der Welt. Während das Formenzeichnen dem Kind hilft, der Welt so zu begegnen, dass sie zu sprechen beginnt, bringt das Fernsehen die Welt zum Verstummen. Letzteres begünstigt einen Hang zur Zerstreuung und zu starken Reizen.

Was das Vergessen und Wiedererkennen betrifft, so haben sicher alle schon einmal die Erfahrung gemacht, dass sie Fotos oder Filmausschnitte, die sie längst vergessen hatten, unverhofft noch einmal sahen und dabei feststellten, dass sie alles wiedererkannten. Das nochmalige Sehen hat das, worauf kein bewusster Zugriff mehr möglich war, kurzzeitig aus dem Unbewussten hervorgeholt. Es liegt auf der Hand, dass das Anstarren der Medienwelt, die riesige Zahl und die Wesenlosigkeit ihrer Bilder und das enorme Tempo des Bildwechsels, um nur einiges zu nennen, dazu führen, dass sich das Kind mit den dadurch entstehenden Wahrnehmungen nicht ichhaft verbinden kann. Damit ist nicht gemeint, dass Kind hätte, etwa beim Ansehen eines spannenden Films, keine Erlebnisse. Im Gegenteil, aber es wird in seine Gefühle hineingerissen. Den Wahrnehmungen, die absinken, haften Ängste, Spannungen und vielerlei seelische Regungen an. In den unbewussten Regionen des Kindes entsteht so etwas wie ein Bodensatz, von dem, um im Bilde zu bleiben, bei Gelegenheit giftige Blasen aufsteigen, die als Angst, Begehren oder anderes in der Seele rumoren.

Es soll hier natürlich nicht behauptet werden, allein mit Hilfe des Formenzeichnens sei es möglich, Kindern und Jugendlichen zu einer Entwicklung zu verhelfen, die es ihnen erlaubt, vernünftig mit den Medien umzugehen. Das Formenzeichnen ist aber ganz entschieden ein Schritt in die richtige Richtung. Die Erziehung zur Medienkompetenz, wie sie von der an den Universitäten entwickelten Medienpädagogik angestrebt wird, verfehlt dagegen ihr Ziel. Die Medienpädagogik hat, wie Untersuchungen gezeigt haben, kaum Einfluss auf die Dauer der Mediennutzung. Die Abhängigkeit von den Medien oder, mit anderen Worten, die Unfähigkeit, das Leben aus eigner Kraft zu gestalten, ist das eigentliche Problem.

Zum Autor

Prof. Dr. Heinz Buddemeier, Studium der Germanistik, Romanistik und Philosophie. Nach der Promotion Hochschulassistent. Aufgabengebiete: Medien- und Kommunikationswissenschaft für Literaturwissenschaftler. Fortbildung auf diesem Gebiet durch Aufenthalte in München (Hochschule für Literatur und Film) und Toronto (Center for Culture and Technology, gegründet von Marshall McLuhan). 1974 Berufung zum Professor für Medienwissenschaft an der Universität Bremen (Studiengang Kunstpädagogik/Visuelle Kommunikation). Seit der Begegnung mit dem Werk Rudolf Steiners (1971) zunehmende Einbeziehung der anthroposophischen Geisteswissenschaft in die Auseinandersetzung mit den Medien.

Publikationen

- *Das Foto. Theorie und Geschichte der Fotografie als Grundlage eines neuen Urteils*, Reinbek bei Hamburg 1981
- *Illusion und Manipulation. Die Wirkung von Film und Fernsehen auf Individuum und Gesellschaft*, Stuttgart 1987
- *Die unhörbare Suggestion. Forschungsergebnisse zur Beeinflussung des Menschen durch Rockmusik und subliminale Kassetten*, Stuttgart 1989
- *Leben in künstlichen Welten – Cyberspace, Videoclips und das tägliche Fernsehen*, Stuttgart 1993
- *Von der Keilschrift zum Cyberspace. Der Mensch und seine Medien*, Stuttgart 2001

Heinz Buddemeier gibt die Zeitschrift *Fakten und Anregungen zur Beurteilung der Medien* heraus.

MENON Verlag
im Friedrich von Hardenberg Institut e. V.

Waldorfpädagogik

Uwe Buermann
- **Künstliche Welten – wirkliche Bilder**
  Vom Umgang mit Medien
  32 Seiten

Hans- Wilhelm Colsman
- **In guter Verfassung!**
  Eltern und Lehrer im Schulorganismus – auf Augenhöhe
  128 Seiten

Johannes Denger
- **Sinn macht gesund**
  Waldorfpädagogik und Salutogenese
  40 Seiten

Urs Dietler
- **Jugend im Wandel – Pädagogik im Umbruch**
  32 Seiten

Karl-Martin Dietz
- **Eltern und Lehrer an der Waldorfschule**
  Grundzüge einer dialogischen Zusammenarbeit
  80 Seiten
- **Erziehung in Freiheit**
  Rudolf Steiner über Selbständigkeit im Jugendalter
  112 Seiten
- **Produktives Unbehagen**
  Über die Chancen der kollegialen Selbstverwaltung
  48 Seiten

Edwin Hübner
- **Der gespaltene Mensch**
  Medien und Gesundheit
  60 Seiten, mit Abbildungen

Rüdiger Iwan
- **Phantasie und Verantwortung**
  Projektarbeit als Anliegen der Waldorfpädagogik
  41 Seiten
- **Prüfung, PISA und Portfolio**
  Über einen viel versprechenden Ansatz zur Aufrichtung des schiefen Turmes in Deutschland
  48 Seiten
- **Zeig, was Du kannst!**
  Portfolioarbeit als zentrales Anliegen der Waldorfpädagogik
  140 Seiten, mit Abbildungen

Mona Doosry
- **Zwischen Pubertät und Mündigkeit**
  Erziehungsaufgaben im Jugendalter
  48 Seiten

Bruno Sandkühler
- **Aufgaben der Waldorfpädagogik nach PISA**
  40 Seiten

Malte Schuchardt
- **Zur Bedeutung des Künstlerischen in der Waldorfpädagogik**
  Metamorphosen des Erzählens in den unterschiedlichen Altersstufen
  32 Seiten

Heinz Zimmermann
- **Was kann die Pädagogik des Jugendalters zur Willenserziehung beitragen**
  32 Seiten

Weitere Titel aus unserem Programm

Paolo Bavastro

- **Der umstrittene „Hirntod“**
  Organtransplantation in der Diskussion
  29 Seiten

Karl-Martin Dietz

- **Anthroposophie in der Gegenwart**
  Vom Umgang mit Zeitfragen
  53 Seiten
- **Anthroposophie tun**
  Beobachtungen zu Rudolf Steiners Führungsstil
  91 Seiten
- **Dialog – Die Kunst der Zusammenarbeit**
  2., durchgesehene Auflage
  136 Seiten
- **Dialogische Schulführung an Waldorfschulen**
  Spiritueller Individualismus als Sozialprinzip
  182 Seiten
- **Gesund denken und handeln**
  Zur geistigen Dimension der Salutogenese
  40 Seiten
- **Freiheit oder Anpassung**
  Zur Aktualität des ethischen Individualismus
  56 Seiten
- **Die Wette um den Menschen –**
  ihr vorläufiger Ausgang im 20. Jahrhundert
  38 Seiten
- **(Hrsg.) Leben im Dialog**
  Perspektiven einer neuen Kultur
  106 Seiten

Nikolai Fuchs/Christian Hiss

- **BSE – Hat der Wahn einen Sinn**
  Ideen für die Wende
  92 Seiten

Günter Kollert

- **Höher als der Turm von Babel**
  Ursprung und Zukunft der Sprache
  128 Seiten

Petra Kühne

- **Zeitgemäße Ernährungskultur zwischen Natur und Labor**
  51 Seiten

Christoph Strawe

- **Sozialimpulse der Anthroposophie**
  63 Seiten

Peter M. Weiß

- **Vom Umgang mit dem Denken**
  oder Wie man das Denken zum Freund und Helfer gewinnt
  32 Seiten

PÄDAGOGISCHE AKADEMIE
AM HARDENBERG INSTITUT

Im Herbst 2002 bildete sich nach einer öffentlichen Veranstaltung des Hardenberg Instituts über Dialogische Kultur spontan ein kleiner Kreis, um die Frage zu bewegen, wie den wachsenden Problemen in der Selbstverwaltung der Waldorfschulen wirksam begegnet werden könne. Im Laufe der Zeit verstärkte sich die Überzeugung, dass dies nur dadurch geschehen kann, dass man versucht, sich mit dem geistigen Impuls der Waldorfschule zu verbinden und aus den inneren Gesetzmäßigkeiten des freien Geisteslebens zu handeln. Unterlässt man dies, dann können alle Bemühungen auf der Strukturebene und beim Konfliktmanagement nicht nachhaltig wirksam werden. Als Zweites kristallisierte sich die Überzeugung heraus, dass die kollegiale Selbstverwaltung, wie sie in den Waldorfschulen angelegt ist, zu den größten Errungenschaften des 20. Jahrhunderts gehört. Dabei bedarf ihre Verwirklichung solcher Fähigkeiten, wie sie im Zeitalter der Bewusstseinsseele von den Menschen in zunehmendem Maße gefordert sind. Wie können diese Ziele konkret werden?

Die aus dieser Bemühung im Jahre 2006 entstandene „pädagogische Akademie" soll ein Zusammenschluss von Menschen sein mit dem Ziel, ♦ den gemeinsamen geistigen Impuls aufzusuchen und zu realisieren ♦ untereinander zu kooperieren unter Wahrung aller individuellen geistigen Eigenständigkeit ♦ mit möglichst vielen, die das auch wollen, auf jede sinnvolle Art zusammenzuarbeiten ♦ erzielte Fortschritte öffentlich zugänglich zu machen.

Der Akademiekreis: Viviana Alvarez (Heidelberg), Karl-Martin Dietz (Heidelberg), Mona Doosry (Hamburg), Gundel Fuchs (Hamburg), Jakob Fuchs (Lommiswil, CH), Frank Hussung (Winterbach), Heinrich Kruckelmann (Engelberg), Jürgen Paul (Heidelberg), Martin Wienert (Witten).

Koordination:
Viviana Alvarez
Träger: Friedrich von Hardenberg Institut e. V.
Hauptstraße 59, 69117 Heidelberg
Tel. 0049-6221-650170, Fax -21640
E-Mail: info@paedagogische-akademie.de

PÄDAGOGISCHE AKADEMIE
AM HARDENBERG INSTITUT

Die Akademie sieht ihre Aufgaben derzeit vor allem auf folgenden Gebieten:

1. Die kollegiale Selbstverwaltung, ihre geistigen Grundlagen und praktischen Arbeitsformen. Im Mittelpunkt steht die Frage nach dem geistigen Impuls und den Fähigkeiten der Bewusstseinsseele. Einige Themenschwerpunkte:
   - Handeln aus geistigem Impuls
   - Freies Geistesleben und seine inneren Bedingungen
   - Geistige Produktivität und freie Empfänglichkeit
   - Waldorfpädagogik im gegenwärtigen Zeitalter
   - Fähigkeitsbildung und Denkschulung im Zeichen der Bewusstseinsseele
   - Die Partnerschaft von Eltern und Lehrern
   - Rudolf Steiners Führung der Waldorfschule

2. Fragen des Jugendalters, besonders:
   - Entwicklungsmomente des Jugendalters
   - Die geistigen Impulse der Jugendgenerationen
   - Schule als Lebensraum - Jugendkultur
   - Die Lage der Jugend in unserem Zeitalter
     - Wie entsteht Orientierungsfähigkeit?
     - Wie entsteht seelische Stabilität?
     - Wie entsteht Willensstärke?

3. Hinzu kommen können weitere Entwicklungsfragen des Menschen z. B. Lernen im Älterwerden

4. Medienpädagogische Beratung